RON GOULART

GROUCHO MARX
CONTRE
SHERLOCK HOLMES

Roman traduit de l'anglais (États-Unis)
par
Jérémie Gazeau

« AILLEURS »
COLLECTION DIRIGÉE PAR
ARNAUD HOFMARCHER

le cherche midi éditeur
23, rue du Cherche-Midi, 75006 Paris

GROUCHO MARX

CONTRE

SHERLOCK HOLMES

Vous pouvez consulter notre catalogue général et l'annonce
de nos prochaines parutions sur notre site Internet :
http://www.cherche-midi.com

CHAPITRE 1

C'EST peu avant Noël 1938 que Groucho Marx et Sherlock Holmes confrontèrent leurs esprits.

L'histoire débuta par un coup publicitaire douteux, typiquement hollywoodien, qui nous amena vite, Groucho et moi, à tenter d'élucider deux meurtres.

— C'est bien joli de nous faire jouer aux détectives, m'avait dit Groucho à cette occasion, mais la prochaine fois que tu m'enrôles dans une équipe, arrange-toi pour choisir l'équipe des Los Angeles Angels. Je suis sûr que je pourrais faire un très bon pilier. J'ai déjà joué les piliers de bar pendant plusieurs années. Je reconnais toutefois que l'exercice est différent.

Nous nous sommes retrouvés empêtrés dans cette affaire un mardi de décembre. C'était un de ces jours gris et flous comme il y en a souvent à Los Angeles, couvert et pas assez chaud. Quelques rares mouettes tournaient dans la brume du matin en poussant des cris lugubres. Je conduisais tandis que Groucho, dans le siège passager de ma nouvelle berline Ford, massacrait *Mon Beau Sapin* avec un très mauvais accent suédois, tout en battant la mesure sur le tableau de bord avec son cigare éteint.

— Ce véhicule est indubitablement plus luxueux que ton ancien coupé Plymouth, déclara-t-il subitement en portant son cigare à ses lèvres, encore que je t'avoue regretter beaucoup cette queue de raton laveur dont tu avais paré ton antenne radio, mon cher Franklin.

À propos, je m'appelle Frank Denby et je suis l'auteur des textes des émissions comiques radiophoniques dans lesquelles Groucho incarnait un détective. Ces émissions ont pris fin en octobre et depuis nous travaillons à l'écriture d'un scénario de

7

film, une comédie tordue qui parle d'une pauvre jeune fille héritant d'une ligne de bus et dont le titre provisoire est *Cendrillon prend le volant*. Ce matin-là nous nous rendions aux studios Mammouth, dans la vallée, pour présenter notre projet à un producteur.

J'ajoute, pour ceux d'entre vous que cela pourrait intéresser que je suis marié depuis juin à Jane Danner, la plus jolie dessinatrice d'Amérique. Groucho a officié en tant que témoin et a chanté *Je t'aimerai toujours* lors de la cérémonie. Nous le lui avions permis à la condition expresse qu'il ne s'accompagne pas à la guitare et qu'il s'abstienne de pousser les tyroliennes qu'il nous avait infligées lors des répétitions des noces.

Alors que ma carrière marquait une pause, Jane, elle, menait son affaire crescendo. En septembre elle avait vendu sa dernière bande dessinée, *Hollywood Molly*, et son agent avait réussi peu après à la placer en feuilletons à près de 150 journaux aux quatre coins du pays. Son salaire a alors atteint les sept cents dollars par semaine, elle a ainsi été en mesure de nous acheter cette nouvelle voiture, en plus d'un vélo pour elle.

— J'espère vraiment qu'on va vendre ce foutu scénario, dis-je à Groucho alors que nous approchions des studios Mammouth. Je suis assez grand garçon pour accepter de vivre sur le salaire de ma femme le temps de franchir une mauvaise passe, mais je me sentirais foutrement mieux si mes propres fonds voulaient bien sortir de la zone rouge.

— Tout n'est pas si noir, Édouard, me dit Groucho en faisant surgir une boîte d'allumettes de son manteau sport, taillé dans un tissu écossais exubérant. Sans même tenter d'allumer son cigare, il expliqua :

— Même si tu as opté pour la prison conjugale, ton gardien, Jane, reste une très belle et très brillante jeune femme. Moi, la dernière femme qui m'a mis le grappin dessus a insisté pour m'enfermer dans un sac de paquetage marin particulièrement étroit, avec ma collection de salières et de poivrières. Très sincèrement, ça manquait de place là-dedans, et je ne parle pas de la chaleur ni de la durée du trajet. Je me méfie depuis des cambrioleuses.

En haut d'un échafaudage, deux employés en bleu de travail mettaient en place un nouvel affichage sur le grand mur de stuc blanc qui surplombe les dix hectares des studios Mammouth. L'affiche proclamait : *Miles Ravenshaw incarne Sherlock Holmes dans la dernière production des studios Mammouth, LA VALLÉE DE LA PEUR!* Le tiers supérieur de la photographie de Miles Ravenshaw était déjà déployé et on pouvait voir sa casquette de chasseur, sa pipe recourbée et un profil trahissant la haute estime qu'il se portait. Il devait certainement croire tous ceux qui lui accordaient une ressemblance avec John Barrymore.

— Miles Ravenshaw, murmura Groucho alors que je conduisais la voiture vers les barrières de fer dorées de l'entrée. Je dirais volontiers de lui que c'est un porc mais ce serait une insulte à l'égard des cochons qui ont poussé l'altruisme jusqu'à donner beaucoup d'eux-mêmes afin que le monde connaisse le sandwich au jambon.

— Il paraît que Ravenshaw était inspecteur à Scotland Yard avant de devenir acteur.

Groucho exprima un doute d'un bruit de bouche impoli.

— Je reconnais que je suis mal placé pour parler de lui, puisque pour des raisons religieuses, fréquenter un porc m'est interdit. Il m'est même interdit de rendre visite aux trois petits cochons de Disney. De toute façon, je ne pourrais pas souffler et souffler et souffler et faire tomber une seule de leur maison. (Son cigare se mit à frétiller.) Je serais en revanche assez tenté d'évoquer le souvenir d'une attirante jeune femme que j'ai rencontrée un jour dans un bordel de Baja California et qui, elle, était non seulement capable de souffler mais aussi... Mais il y a des choses qu'il vaut mieux taire.

Je stoppai à un mètre des barrières abaissées.

— Tu devrais en faire ta devise, suggérai-je.

— Tu as raison, Raymond, et je crois que je vais l'utiliser dans mon prochain film de série B, *Autant en emporte la devise...*

Juste derrière la barrière, on apercevait une guérite à toiture de tuiles et un grand palmier solitaire. Un garde grassouillet, dans un uniforme anthracite, apparut et s'approcha de la voiture, une main posée avec désinvolture sur l'étui de revolver qui pendait à son côté droit.

— En quoi puis-je vous être utile, messieurs ? demanda-t-il en regardant mon passager.

— Je suis profondément vexé, Oscar, dit Groucho. Après nos

trois années dans la Légion étrangère, je pensais que tu ne m'oublierais jamais.

Le gros Oscar gloussa et secoua la tête.

– Désolé, je ne vous avais pas reconnu tout de suite, monsieur Marx. Vous savez, sans votre moustache...

– Je ne l'ai pas ? (Il palpa des doigts sa lèvre supérieure puis se tourna vers moi en fronçant les sourcils.) Dès que nous aurons fait venir une infirmière, tu seras fouillé de pied en cap, Raoul. Le vol de moustache est un délit sérieux, et si j'en crois mes vastes connaissances juridiques, je pense pouvoir affirmer que c'est même un crime capital. Il est même probable que ce soit la capitale du Dakota du Nord mais, sur ce dernier point, je ne serai affirmatif qu'après encaissement du retour sur capital de cette province éloignée. Dieu sait si cela risque de prendre du temps puisque... Mais, bon. Tu m'a compris.

Oscar souleva sa casquette à visière, laissa apparaître une chevelure blonde clairsemée et se gratta la tête.

– J'ai entendu dire que votre dernier film avait fait un bide, monsieur Marx.

– Vous l'avez *entendu dire* ? Vous n'avez pas eu le courage d'aller voir *Panique à l'hôtel* ?

– Ben, moi j'aimerais bien voir tous les films des frères Marx, dit-il comme pour rassurer Groucho, mais ma femme ne vous supporte pas. D'après elle vous ne jouez que des personnages d'obsédés sexuels et de débauchés dans vos films.

– Pour la bonne et simple raison que je suis un obsédé sexuel et un débauché, répondit Groucho. Mais je lutte pour gagner ma vie en dépit de ces graves handicaps. Après tout, c'est ça le rêve américain, non ? Chacun peut travailler pour surmonter ses propres handicaps et se faire un nom. Moi, le nom que je voulais me faire, c'était Mark Twain, mais ils m'ont dit que c'était déjà pris. Alors j'ai choisi Tarzan mais apparemment il y a un nudiste de la MGM qui a déjà fait du pognon avec ça. Il ne restait à peu près que Groucho Marx, et puis la *marx* de Zorro aussi, mais ça sonnait un peu trop étranger pour un acteur comme moi qui s'est spécialisé dans les rôles d'ingénue en patins à glace.

– Nous avons rendez-vous avec Lew Marker, dis-je au garde qui pouffait de rire.

– Avec Lew Numéro Deux ? demanda-t-il l'air déçu. Quelqu'un de votre importance devrait logiquement avoir rendez-vous avec Lew Numéro Un, monsieur Marx.

Lew Numéro Un c'était Lew Goldstein, le big boss de la Mammouth. Marker, lui, avait droit au surnom de Lew Numéro Deux.

– Je grimpe les échelons petit à petit, assura Groucho. L'année dernière encore on ne me laissait voir personne au-dessus de Lew Numéro quatre cent six.

Dans un dernier rire, le garde nous dit de nous garer dans le parking A, réservé aux visiteurs, puis il réintégra sa hutte. Quelques secondes plus tard, les barrières tressautèrent puis s'ouvrirent largement. Après un petit salut au garde, je redémarrai et nous pénétrâmes dans les studios Mammouth.

– Je ne sais pas trop à quoi nous devons nous attendre de la part de ce Lew Marker, avoua Groucho. Mais mon frère bien-aimé Zeppo m'assure que ce type est plus qu'excité à l'idée de discuter avec nous de *Cendrillon prend le volant*...

Les bâtiments étaient tous en stuc couleur crème, surmontés de toits en tuiles rouges. Il y avait de grandes étendues de pelouse verte et des alignements de palmiers de toutes les tailles et de toutes les variétés.

– Marker a déjà produit une brochette de comédies, rappelai-je à Groucho tandis que je stoppai pour laisser une starlette costumée en aviatrice traverser la rue. *Fou de toi, Celui-là est pour moi, C'était ma femme*. Irene Dunne a presque été nominée aux Academy Adwards pour un de ces films.

– Pour le meilleur des trois, dit Groucho qui exhalait la fumée du cigare qu'il venait d'allumer. Si j'en crois une étude approfondie menée par l'observatoire de Greenwich, le film en question a produit cinq rires au cours de sa projection. Et les spectateurs ont accordé leur rire le plus franc en lisant le nom du directeur musical au générique de début du film.

Ma Ford avait tout l'air d'être la voiture la moins chère de la rangée où je la garai, peut-être même de tout le parking.

Lorsque j'en fis la remarque à Groucho, il me répondit que c'était vrai mais qu'en revanche j'avais les plus belles boucles de cheveux.

– Mes cheveux ne sont pas bouclés du tout.

– Houla! Ça n'est pas une raison pour m'agresser, je voulais juste te faire plaisir, Gustave.

Nous devions rencontrer Marker au studio 4 où il était censé tourner des scènes de sa dernière comédie, *Elle a épousé le major-dome.*

Nous n'avons jamais réussi à nous rendre à ce rendez-vous.

Alors que nous passions devant le studio 2, une grande porte de métal s'ouvrit dans un fracas brutal et une jolie jeune femme blonde en sortit en courant, blême malgré son bronzage de joueuse de tennis. Elle portait un pantalon blanc et un pull-over bleu foncé.

– Là, ici! Il y a un homme mort! nous dit-elle en faisant un signe en direction de la porte qu'elle venait de franchir.

– Raoul, suggéra Groucho, que penserais-tu de continuer notre chemin et d'ignorer complètement cette histoire?

– Tu sais bien que nous ne le ferons pas, dis-je en courant vers la fille terrorisée.

CHAPITRE 2

LA jolie blonde se jeta contre moi et m'enserra de ses bras fins, se blottissant contre ma poitrine.

— Ils l'ont tué, souffla-t-elle, il y a du sang partout.

Je la repoussai un peu en lui désignant la porte grande ouverte :

— Est-ce qu'*ils* sont toujours là-dedans, demandai-je ?

Au-delà de l'entrée, on ne voyait que du noir.

— Il est mort, je suis sûre qu'il est mort.

La main tremblante, elle dégagea une mèche blonde de son front.

— Je venais le chercher parce qu'il n'était pas dans son bureau et que je devais lui poser une question au sujet des révisions du script. Quelqu'un lui a tiré dessus. Je ne sais pas qui.

Tentant de calmer ses tremblements, je la saisis par les épaules :

— Reprenez-vous et dites-moi *qui* est mort.

Elle fit un effort visible et me regarda. Son mascara avait suivi le chemin de ses larmes et ses yeux étaient soulignés d'une buée noirâtre.

— Mais, vous travaillez pour le studio ?

— Bien qu'on m'ait toujours reconnu une patience et un stoïcisme admirables, dit Groucho en s'approchant, j'aimerais tout de même savoir quand viendra mon tour d'être enlacé.

— Oh, c'est vous, monsieur Marx, dit la jeune femme. Vous ne vous souvenez sûrement pas de moi mais j'étais scripte à l'époque où vous tourniez encore dans des films.

— Encore quelqu'un qui n'a pas vu *Panique à l'hôtel*.

Il ôta son manteau bariolé et le posa sur les épaules encore tremblantes de la jeune femme.

— Le premier soin à apporter à la victime d'un choc consiste à la tenir au chaud. C'est un des petits trucs que j'ai appris au cours des années pendant lesquelles j'étais chasseur de lions en Afrique. Dès que le saint-bernard sera arrivé, on vous donnera une lampée de cognac.

— Tu la connais, lui demandai-je ?

— Au premier coup d'œil, je me suis dit que, de dos, elle me rappelait diablement quelqu'un, malheureusement, je ne me souviens pas du nom.

— Je m'appelle Isobel Glidden. Je suis scripte pour la Mammouth depuis presque un an déjà, monsieur Marx.

— Ne soyez pas aussi formelle, ma chère. Vous pouvez m'appeler Youplaboum.

Elle semblait s'être un peu calmée et je repris la parole :

— OK, Isobel, revenons-en à ce mort, vous le connaissez ?

— Oui, bien sûr, dit-elle en hochant la tête et en laissant le manteau de Groucho s'échapper de son épaule droite. C'est monsieur Denker.

— Vous voulez bien parler de Felix Denker ? demanda Groucho en réajustant le manteau sur elle. Le fameux réalisateur qui a fui l'Europe ?

— Oui, il a un contrat avec la Mammouth pour trois films.

— J'ai eu l'occasion de le croiser plusieurs fois au cours de soirées de la Ligue contre le nazisme, me dit Groucho. J'admirais ses prises de position politiques, même si le personnage lui-même m'est toujours apparu comme un parfait crétin qui me faisait penser à une hémorroïde.

Il aspira une bouffée de son cigare.

— Mais je suppose que ce n'est pas très sport de dire du mal d'un mort. Je retire le mot crétin.

Je désignai du pouce la porte grande ouverte et suggérai :

— Nous ferions mieux de jeter un coup d'œil.

Groucho enlaça Isobel par le bas du dos :

— Auriez-vous l'amabilité de nous guider, mon enfant ?

— Je crois que je peux. Et puis il faut bien que j'y retourne, j'ai laissé tomber mon script quand je l'ai vu mort.

Dans le décor de bureau du 221 B Baker Street, le mort était raide. Assis dans le fauteuil de Sherlock Holmes. Il penchait vers la droite et son bras gauche, parfaitement rigide, était en suspension au-dessus de magazines du début du siècle, éparpillés sur un côté de la table.

Felix Denker, un homme maigre, d'à peu près cinquante-cinq ans, avait reçu deux balles dans la partie supérieure droite de la poitrine. Son foulard froissé et le devant de sa chemise crème en soie étaient maculés de sang séché. Sa chevelure noire était toujours impeccablement partagée par une raie nette mais son monocle était tombé au sol, sur une peau d'ours blanc. Aucune arme n'était visible.

Avec l'aide d'Isobel, nous trouvâmes le bouton de la lumière. En prenant soin de ne pas déranger quoi que ce soit, je m'approchai du corps du réalisateur assassiné. À en juger par l'état de rigidité cadavérique, je supposai qu'il avait été abattu depuis plusieurs heures.

— Je crois bien qu'il est mort depuis la nuit dernière. Isobel, quand avez-vous vu Denker pour la dernière fois ?

Elle était restée à l'entrée du bureau et tenait serré contre elle le script qu'elle venait de ramasser.

— Eh bien, j'ai quitté les studios hier vers dix-huit heures, monsieur Denker était encore dans son bureau du bâtiment central.

Groucho fit le tour de la pièce en imitant Sherlock Holmes, puis s'arrêta devant la jeune femme :

— Je suppose que Felix était en train de réaliser *La Vallée de la peur*, n'est-ce pas ?

— Oui, et il détestait ce travail.

— Être obligé de travailler avec Miles Ravenshaw rendrait n'importe qui fou furieux.

Groucho se pencha pour jeter un regard dans le microscope qui décorait un des coins de la pièce.

— Comment diable tout un quartier de New York a-t-il pu entrer là-dedans ?

— Monsieur Ravenshaw et lui se querellaient souvent, c'est certain, mais ce n'était pas son principal problème, expliqua Isobel qui fixait Groucho pour ne pas avoir à regarder le cadavre. Les studios Mammouth avaient formellement promis à monsieur Denker qu'ils ne lui confieraient que des films de qualité mais ils lui avaient refilé un navet. Son tout premier film américain, *Lynch Mob*, a été nominé aux Oscars en 1936, vous savez.

— Oui, je sais. Felix m'en avait informé à plusieurs reprises, dit Groucho qui inspectait le porte-pipes fixé à un des murs du bureau. Ça l'énervait beaucoup, Felix, que je lui réponde systématiquement que j'avais vu une fois un court dessin animé de Walt Disney qui avait le même titre que son chef-d'œuvre.

— Est-ce qu'il faisait des prises de vue du Sherlock Holmes, sur le plateau de ce studio hier soir ? demandai-je à Isobel.

— Non, hier, il n'y avait que des plans en extérieur dans les décors londoniens. Nous n'étions pas en principe supposés faire de prises de vue dans ce studio avant cet après-midi. Si je suis venue le chercher ici, c'est parce qu'il avait parfois l'habitude de procéder seul à des vérifications sur les plateaux prévus.

— Ce serait donc pour ça qu'il est venu ici hier au soir ?

— Je suppose que oui.

Groucho se pencha au-dessus du corps de Denker et porta son regard sur sa main gauche.

— Il y a quelque chose d'étrange. Son doigt est taché de sang.

De fait, une tache violacée était visible sur l'index du réalisateur. Groucho haussa les sourcils.

— Hé, on dirait qu'il a écrit quelque chose avec son sang.

La couverture claire d'un exemplaire datant de 1915 du magazine *The Strand* avait servi de support.

— On dirait le chiffre quatre, conclut Groucho en affectant de loucher.

Je regardai à mon tour :

— Un message de la victime ? Je me tournai vers la scripte. Quatre signifie quelque chose pour vous ?

Elle secoua négativement la tête :

— Ça peut vouloir dire n'importe quoi.

J'insistai :

— Une partie de numéro de téléphone, une adresse ? Un numéro de page ? Est-ce qu'il n'y a pas un roman de Sherlock Holmes dont le titre contient le chiffre quatre ?

— Les messages des morts m'ennuient toujours, intervint Groucho dans un grincement de dents. Les victimes des films de série B tracent à chaque fois une citation cryptée en perse ancien ou se laissent aller à citer un refrain d'un madrigal du xve siècle dans l'espoir de donner aux détectives un indice susceptible de les mener à celui qui les a trucidés. À mon avis, ce serait beaucoup plus simple s'ils avaient la présence d'esprit d'écrire quelque chose comme : «J'ai été frappé à mort par Erwin L. Hershman, résidant au 26-B Sycamore Street à Pismo Beach» ou encore «C'est l'amant de ma femme, plus précisément celui qui est brutal et qui porte un tatouage, qui m'a fait ça, Monsieur l'inspecteur. Je crois qu'ils sont tous les deux en ce moment en train de se donner du bon temps à l'hôtel Starcross de Anaheim. Allez-y vite».

Je parcourus du regard le plateau en tapotant du bout des doigts le stradivarius d'Holmes qui était posé sur une table près de la porte.

— Eh bien je crois que nous ferions mieux d'alerter la sécurité et de les laisser avertir les flics du coin.

— Voilà qui est bien dit, Raoul. Inutile de nous mêler davantage de cette affaire.

Groucho était vautré dans le fauteuil habituellement occupé par le docteur Watson et, tête penchée en arrière, regardait les entrecroisements de passerelles des hauteurs du studio. Il expira une bouffée de son cigare :

— Nous n'avons plus qu'à accomplir notre devoir de citoyens en posant pour quelques photos flatteuses face à ces messieurs de la presse, après quoi nous pourrons nous rendre à notre rendez-vous avec Lew Marker.

— On dit toujours : «Jamais deux sans trois». J'espère que ce n'est pas toujours vrai, dit Isobel en reniflant.

Groucho se releva d'un bond :

— Pardon ? Que dites-vous, belle Isobel ?

— Quelqu'un d'autre a été tué ? demandai-je.

— Oh non, ce n'était pas un meurtre mais... je vais finir par me demander si ce tournage n'est pas maudit.

— Détaillez vos propos, chère enfant. Apportez-nous des précisions, demanda Groucho en s'approchant d'elle les genoux exagérément pliés.

Du pouce, elle se gratta le nez puis s'expliqua :

— Eh bien, il y a cinq jours de ça, Marsha Tederow est morte. Elle était assistante artistique pour la Mammouth et travaillait avec monsieur Denker sur *La Vallée de la peur*.

Elle fit un geste vague en direction du nord.

– C'était vraiment horrible, un accident de voiture du côté de Mulholland. Son coupé est sorti de la route et a plongé dans un ravin. Il a explosé et... Marsha n'avait que vingt-sept ans et elle était très belle.

Un œil mi-clos, je me tournai vers Groucho :

– Une coïncidence ?

– Ça n'a rien à voir, Édouard. J'ai bien peur que l'atmosphère Holmesienne du lieu n'affecte ton jeune et impressionnable cerveau. Bien qu'il nous soit arrivé par le passé de jouer aux détectives amateurs – avec un succès mémorable il est vrai – nous ne sommes pas aujourd'hui présents sur cette scène pour répéter ce rôle. Non, si je suis venu ici, monsieur Anthony, c'est dans le but exclusif de signer un contrat de coauteur de *Cendrillon prend le volant* et d'engranger avidement la confortable rétribution financière que l'industrie cinématographique accorde à ses scénaristes les plus talentueux. Tant que j'y suis, je crois que je vais aussi engranger la moisson de quelques hectares de luzerne, mais uniquement parce que cela occupera les mains de mes paysans et les tiendra éloignés de mes filles. Car comme l'a très sagement énoncé Salvador Dalí le jour où, à mi-chemin d'une course cycliste de six jours, il réalisa qu'il avait négligé de prendre son vélo : « Six fois six font trente-six, sauf durant les mois commençant par une lettre de l'alphabet. »

– C'est un très bon titre, dit Isobel.

– Qu'est-ce qui est un très bon titre, Salvador Dalí ?

– Non, je veux dire : *Cendrillon prend le volant.*

– Il est déjà déposé auprès de la Guilde des Scénaristes, mon petit, alors méfiez-vous.

Tandis qu'il s'approchait d'elle, le regard menaçant, je repris la parole :

– Nous devrions plutôt chercher un téléphone pour...

– Mademoiselle, messieurs, auriez-vous l'obligeance de lever les mains en l'air ? demanda une voix émanant de l'ombre, près de la porte d'entrée.

CHAPITRE 3

— Est-ce que nous avons une conversation sérieuse ou bien est-ce que tu es encore une fois en train de te moquer de moi? me demanda Jane.

J'étais assis sur une chaise pliante, dans un coin mal éclairé du studio et je tentais de m'expliquer dans le premier téléphone que j'avais réussi à trouver.

— Je suis absolument sincère, ma chérie, nous avons trouvé Felix Denker dans...

— C'est l'Allemand qui a réalisé *Les Confessions du Docteur Méduse* en 1934, juste avant de quitter Berlin, non?

— Oui, c'est bien ce Felix Denker-là. Pendant quelques instants nous avons cru, Groucho et moi, qu'il s'agissait du Felix Denker qui a inventé le beurre de cacahuète, mais un rapide examen de ses pièces d'identité nous a prouvé notre erreur. Enfin, toujours est-il, mon amour, qu'après avoir examiné la scène du crime...

— Tu te mets à dire «mon amour» exactement comme Groucho.

— Écoute, Jane, je viens de passer à deux doigts d'une arrestation pour meurtre, alors je ne suis pas vraiment disposé à recevoir des cours de diction.

— Tu as parfaitement raison, chéri. Et puis il faut de toute façon que je me résigne au fait d'avoir épousé un crétin désespérant. Qui a cherché à t'arrêter?

— Heureusement, ce n'était qu'un gardien de la sécurité qui est passé devant le studio et qui a remarqué la porte grande ouverte. Il est entré et nous a vus, Groucho, Isobel et moi à côté du cadavre.

– Qui est cette Isobel ?

– Elle travaille en tant que scripte pour les studios Mammouth. C'est elle qui a découvert le corps la première. Elle était effrayée et elle est sortie du studio en courant pour chercher de l'aide au moment précis où Groucho et moi allions à notre rendez-vous avec Marker.

– Vous n'avez toujours pas vu Marker, alors ?

– Nous avons été retenus par tout ça et nous ne pourrons pas le voir avant cet après-midi. Est-ce que je t'ai dit que Felix Denker réalisait un Sherlock Holmes et que son corps était assis dans le fauteuil favori d'Holmes ?

– C'est probablement trop gros pour être de l'ironie. Est-ce qu'il a été abattu dans ce fauteuil ou est-ce qu'on l'y a déposé ?

– À première vue, je dirais qu'il a été tué exactement où nous l'avons trouvé.

– Frank, est-ce que Groucho et toi allez encore enquêter ?

– Non, pas du tout. C'est vraiment le hasard qui a voulu que nous soyons mêlés à ce merdier. Tu sais, Jane, quand le premier garde nous a surpris et a dégainé son revolver, il a fait venir trois de ses collègues. Ils ont fini par admettre que Groucho était bien Groucho Marx, même si, dans le civil, il ne porte pas le trait de fard noir qui lui sert de moustache. Il est établi que nous ne sommes pas les meurtriers mais nous avons l'obligation de rester sur les lieux jusqu'à l'arrivée de la police.

– J'ai dans l'idée que tu ne rentreras pas déjeuner à la maison.

– On se verra au dîner. Rien de neuf de ton côté ?

– Eh bien justement, si.

Elle avait pris un ton joyeux.

– Je viens d'avoir des nouvelles de mon agent : il a réussi à placer mon *Hollywood Molly* dans une vingtaine d'autres journaux, y compris – ça c'est la cerise sur le gâteau – dans le *San Francisco Chronicle*.

– Continue comme ça et je ne serai plus jamais obligé de travailler.

– Tu n'es tout de même pas vexé de me voir réussir mieux que toi en ce moment ?

– Pas du tout, dis-je en tentant de prendre une voix convaincue. Oh, il y avait autre chose que je voulais te dire.

– Oui, quoi ?

– Mince, je ne m'en souviens plus.

Un policier en uniforme venait de sortir de l'ombre. Il était grand, affichait un air aussi peu aimable que déterminé. Il me fit un signe.

– Frank ? dit ma femme.

– Je suis convoqué par les autorités. Mais je viens de me souvenir de ce que je voulais te dire : je t'aime.

– J'allais dire la même chose. Ne te fais pas arrêter, d'accord ? Et quand tu arriveras à la maison, on fêtera les vingt journaux supplémentaires. Si tu veux.

– Je veux. Je t'embrasse.

Je raccrochai le téléphone, me relevai et emboîtai le pas au flic. « Les jeunes amoureux, l'entendis-je murmurer tandis qu'il se frayait un chemin dans le fouillis des fils et des câbles électriques, c'est tellement mignon. »

Le sergent Jack Norment, de la police de Burbank, était assis au bord du lit défait de Sherlock Holmes. C'était un homme de taille moyenne, légèrement grassouillet, d'à peu près quarante ans. Je l'avais rencontré auparavant, du temps où je travaillais sur les faits divers pour le *Los Angeles Times*. Norment avait un penchant pour l'alcool et exhalait toujours un arôme de whisky, mais il ne donnait jamais l'impression d'être réellement saoul. Il était parfaitement honnête, du moins si on le comparait à ses collègues de Californie du Sud. Le décor de la chambre de Sherlock Holmes était situé à une vingtaine de mètres de celui du bureau, où une équipe de la police scientifique et de médecine légale s'affairait auprès du corps de Felix Denker. Norment avait terminé l'interrogatoire d'Isobel Glidden et venait de lui dire qu'elle pouvait partir. Toujours un peu choquée, elle retira le manteau sport de Groucho pour le lui rendre.

– Merci, monsieur Marx, dit-elle avant de déposer un rapide baiser sur sa joue.

– Ah, nom d'un chien, pas en public, Iso !

Isobel partie, Norment afficha un sourire triste :

– J'admire votre capacité à jouer au mariolle dans des circonstances aussi déplaisantes.

21

– Si vous trouvez ça déplaisant, sergent, vous auriez dû voir le spectacle que mes frères et moi avons donné un jour à Pittsburgh.

Groucho se leva du fauteuil en osier dans lequel il s'était posé et entama une lutte imaginaire avec son manteau.

– Après notre passage, ils n'ont jamais pu réutiliser ce music-hall pour des représentations théâtrales, à cause de l'ambiance que nous y avions laissée. Ils ont été obligés de le transformer en funérarium. Mais, même ça, ça n'a pas marché. Les gens se plaignaient de ce que l'atmosphère était inadéquate. Trop lugubre.

– Est-ce que je dois prendre note de ses propos ? demanda le détective Ernie Sales qui se tenait à quelques mètres de là.

C'était un grand échalas avec une voix douce qui, comme il l'avait mentionné quelques minutes plus tôt, n'avait jamais de toute sa vie vu un film des Marx Brothers. Il tenait à la main un carnet sténo ouvert et un crayon jaune mâchouillé.

– Jugez-en vous-même, lui répondit Norment.

– Si Pittsburgh est trop difficile à écrire, je peux transposer l'événement que je viens de rapporter à Altoona, proposa Groucho en se vautrant de nouveau dans son fauteuil.

Le sergent Norment extirpa de son imperméable fripé un paquet de Camels :

– Il est très gratifiant d'avoir un bouffon célèbre tel que vous à interroger, Marx. La plupart du temps, sur la scène d'un crime, il n'y a que des parents attristés et des suspects méfiants.

– Si vous tenez à voir des parents attristés, vous devriez venir chez moi un soir en semaine. Chaque fois que ma femme réalise qu'elle a été victime d'une tromperie sur la marchandise en épousant un vaurien, elle s'effondre et se met à sangloter. Quant à mes deux descendants, quand ils ne pleurent pas de rage, ils passent la majorité de leur temps à parcourir les archives des hôpitaux dans le vain espoir de dénicher une preuve établissant que je ne suis pas leur véritable géniteur.

– Vous connaissiez Denker ? demanda Norment.

– Depuis près de deux ans. Je l'ai rencontré, lui et sa femme Erika Klein, au cours d'une soirée donnée par la Ligue contre le nazisme.

– Vous les fréquentiez souvent ?

– Même s'ils partageaient mes opinions sur Hitler et sur ce qu'il fait à l'Europe, je ne les aimais pas beaucoup.

– Mais vous étiez en bons termes ?

Groucho abandonna son fauteuil, fit surgir sa boîte d'allumettes Trocadero et proposa du feu au policier qui venait juste de porter une cigarette à ses lèvres.

– Comme j'ai cru le comprendre, sergent, Denker a été invité à quitter ce bas monde hier au soir.

Il fit deux pas vers la commode ouverte qui contenait les déguisements d'Holmes.

– Frank et moi avons vu le corps ce matin vers dix heures et c'est là le seul et unique rapport que nous avons avec ce meurtre. Comme vous en a informé la jeune femme qui était ici tout à l'heure, c'est elle qui l'a découvert la première. Découvrir un corps peut être une expérience traumatisante, enfin je parle d'un corps mort, bien sûr...

– Vous n'avez vu personne d'autre sur ce plateau, Marx ? Quelqu'un qui serait parti ?

– Pas âme qui vive.

Il croisa ses mains dans son dos, se pencha et observa les déguisements dans la commode.

– Je me demande de quoi j'aurais l'air avec la casquette d'Holmes ?

Le même sourire forcé apparut sur le visage de Norment qui se tourna vers moi :

– Tu a été un bon reporter dans le passé, Frank.

– Est-ce à dire que j'ai déchu en devenant scénariste ?

– Je voulais juste savoir si tu avais remarqué quelque chose que n'aurait pas vu Marx.

– Rien dont toi et tes gars n'ayez déjà pris note, Jack. Denker a été abattu à bout portant et il ne semble pas y avoir eu de lutte. À l'exception des impacts de balles, ses vêtements sont impeccables. Je dirais qu'il a été tué hier au soir vers huit ou neuf heures, mais ce n'est qu'une supposition. Je pense qu'on lui a tiré dessus alors qu'il était assis. On ne l'a pas déplacé. L'examen du fauteuil et de la façon dont le sang a coulé sur son corps le confirmera probablement.

Norment inspira une bouffée de sa cigarette et laissa tomber sa cendre sur le tapis persan d'Holmes.

— Tu penses qu'il voulait dire quelque chose avec ce qu'il a l'air d'avoir écrit sur ce vieux magazine ?

— S'il s'agit de son sang et de son empreinte d'index, c'est une éventualité.

— Peut-être que quelqu'un d'autre a appuyé le doigt de Denker dans ses plaies et tracé ce quatre maladroit juste pour nous égarer.

— Peut-être que le roi George V a distraitement griffonné une partie du numéro de téléphone d'une de ses maîtresses sur cet exemplaire du *Strand* et peut-être qu'après avoir survécu au naufrage du Titanic ce magazine a atterri à Santa Monica sur l'étalage d'un pittoresque marchand de vieux journaux et alors peut-être qu'un perchman du studio...

— Est-ce d'ailleurs un quatre ? demanda Norment en ignorant l'intervention de Groucho. Et à supposer que c'est bien le réalisateur qui l'a inscrit est-ce que cela a une signification pour vous ?

— Pas la moindre, Jack.

— Dites, les gars, est-ce que vous allez encore jouer aux détectives privés ? demanda Sales en levant les yeux de son carnet.

— Nous ne sommes venus en cette Mecque de l'art cinématographique que pour une et une seule raison, mon brave, dit Groucho en saisissant dans la commode une barbe postiche hirsute et en l'élevant en pleine lumière. Nous ne sommes impliqués que dans un trafic de script. Plus tard, je vous le concède, nous nous accorderons peut-être une petite pause, le temps de faire du pédalo ou...

— Je veux le voir ! Laissez-moi passer, crétin !

Une voix de femme venait des environs du plateau.

— C'est mon mari, espèce d'abruti !

— La veuve éplorée, commenta Groucho en agitant la barbe d'un mouvement pendulaire.

Erika Klein travaillait elle aussi pour les studios Mammouth. Elle avait été professeur d'histoire avant qu'elle et Denker ne quittent l'Allemagne. Depuis près de deux années, elle dirigeait le département des recherches historiques des studios. À ce que la rumeur disait, c'était elle qui avait obtenu de Lew Goldstein un contrat de réalisateur pour son mari. Elle criait toujours.

– On vient de me dire que mon pauvre Felix a été tué, je veux le voir !

Norment fit un signe à Sales.

– Allez faire en sorte que cette dame la ferme, Ernie. Emmenez-là dans un endroit tranquille et muselez sa tristesse. Je vous rejoindrai dans quelques instants pour une causette avec elle.

Le policier en civil ferma son carnet et sortit. Norment se tourna vers Groucho :

– C'est déplorable mais, dans certains cercles, il est assez mal vu d'être un opposant déclaré de Hitler et des nazis. Savez-vous si Denker et sa femme ont jamais été menacés par un sympathisant de l'Allemagne, quelqu'un de l'Association pour l'amitié germano-américaine, par exemple ?

– Pas au cours des réunions politiques ou des soirées auxquelles j'ai assisté en tout cas, répondit-il en reposant la barbe dans la commode. Denker n'était pas un type très sympathique, c'était un peu une caricature de Fritz Lang. Mais si on devait liquider tous les réalisateurs désagréables de la ville, les studios seraient obligés de fermer.

– Soit. Et les relations d'Erika Klein avec son mari ? Ils s'entendaient bien ?

– Chaque fois que j'ai eu l'occasion de m'approcher subrepticement de leur maison et de monter sur leur parterre de tulipes pour regarder par la fenêtre de leur chambre, il m'a semblé qu'ils s'entendaient à merveille, sergent.

Norment nous décocha un autre de ses sourires sans joie et nous désigna la porte :

– Bon, ça va, vous pouvez partir. Tu es bien sûr que vous n'allez pas essayer de vous mêler de ce foutoir, Frank ?

– Certain. C'est hors de question.

Je ne disais pas ça pour le rassurer. À ce moment-là, je croyais sincèrement que nous n'en ferions rien.

Nous nous approchions de la porte de sortie du studio lorsqu'un policier cria quelque part derrière nous.

– Hé, sergent, il y en a un autre !

Groucho stoppa net.

— Raoul, je veux bien être pendu si ça, ça ne réveille pas ma curiosité.

— Nous venons juste de promettre de rester hors de cette affaire.

— Et alors ? J'ai bien promis une fois de rester chaste.

Il fit volte-face et rebroussa chemin. Le sergent Norment se faufilait entre les câbles et les spots et se dirigeait vers un autre petit plateau lorsque nous le rejoignîmes. On allumait la lumière au moment où nous sommes entrés. C'était un décor de pub londonien avec un plancher en bois. Un flic en uniforme et un autre, en civil, se tenaient penchés près d'une des trois petites tables du débit de boisson. Il y avait une grosse femme affalée sur la table, la tête posée près d'une chope de bière vide, les bras ballants. Ses cheveux coupés ras étaient d'un noir incroyable et elle portait un costume d'homme froissé, de couleur bleu marine.

Le flic en civil se releva et secoua la tête.

— Fausse alerte, Jack, elle est juste ivre morte.

— Désolé, dit le flic en uniforme. Elle avait l'air morte quand je l'ai trouvée.

Norment se tenait derrière la femme inconsciente.

— J'aimerais bien savoir qui elle est et pourquoi elle est venue dormir à quelques dizaines de mètres de notre cadavre. Elle n'a pas de sac à main ?

— Non, et pas de papiers non plus.

— Je sais qui c'est !

Norment me regarda d'un air renfrogné :

— Est-ce que je me trompe ou bien est-ce que je vous avais renvoyé dans vos foyers, Frank ?

— Nous avions cru comprendre que la mobilisation générale était proclamée, dit Groucho en s'accoudant au comptoir de bois noir et en posant une chaussure sur le repose-pied de cuivre. Nous nous sommes empressés de courir à l'appel du drapeau.

— Vous voulez que je les foute dehors à coups de pied au cul ? s'enquit le policier en uniforme.

— Quelle touchante attention ! dit Groucho.

— Tu connais cette dame ? me demanda Norment avant de

répondre au flic. Siegel, va me chercher un toubib pour qu'il s'occupe d'elle.

Le flic fit un signe de la tête et sortit du pub. Je pointai du doigt la femme qui ronflait lourdement.

— Elle s'appelle Clair Rickson, c'est une scénariste des studios.

— Qu'est-ce qu'elle fout raide bourrée ici ?

— Je crois savoir qu'elle a rédigé le script de *La Vallée de la peur*. À courte distance du sergent, je remarquai qu'il concentrait sur lui toute l'odeur de pub du plateau. Mais je reconnais que cela n'explique pas pourquoi nous l'avons trouvée ivre morte en cet endroit précis.

— Cette dame est célèbre pour être souvent retrouvée ivre morte en de nombreux endroits différents, ajouta Groucho.

Clair Rickson, que j'avais rencontrée à l'occasion de réunions de scénaristes au cours des années précédentes, avait près de quarante-cinq ans. Née quelque part dans le Kansas, elle avait vécu en Europe dans les années vingt et au début des années trente, époque à laquelle elle était devenue l'amie de Gertrude Stein, d'Ernest Hemingway et de Francis Scott Fitzgerald. Ces dernières années, elle avait bien gagné sa vie en écrivant une série de polars étranges et bien alcoolisés dont le héros était un avocat d'Hollywood nommé Jack Muldoon. Deux de ces romans, *L'Affaire du chasseur de jupon cocu* et *L'Affaire de la serveuse qui louchait*, avaient été adaptés par les studios Mammouth et avaient connu un certain succès. L'acteur Pat O'Brien avait même été emprunté à la Warner Bros pour jouer Jack Muldoon.

Assis sur le bord de la table, Norment observait la scénariste écroulée.

— Il faudrait savoir depuis combien de temps elle est là.

Il se tourna vers le policier en civil.

— Et surtout ce qu'elle a pu voir et entendre.

— Et si c'est elle qui l'a buté, répondit le flic.

— C'est le genre de femme qui ne fait de mal qu'à elle-même, dis-je.

Le sergent Norment se releva :

— Frank, je te remercie beaucoup de m'avoir aidé à l'identifier. Maintenant, j'aimerais une fois de plus vous inviter toi et Groucho à foutre le camp.

Groucho, qui contemplait la cible de jeu de fléchettes fixée sur un mur du pub, reprit la parole :

– Êtes-vous bien sûr de ne pas avoir besoin de nous pour accorder votre cithare ou vous refiler des tuyaux sur l'assolement des cultures ?

Norment tendit l'index en direction de l'obscurité :

– Messieurs, je vous dis « au revoir ».

Nous avons répondu « au revoir ».

CHAPITRE 4

Notre rendez-vous avec Lew Marker avait été repoussé à treize heures trente et déplacé vers les grands bureaux du bâtiment central, occupés par les producteurs. Alors que nous pénétrions dans la grande salle de réception, sa jolie secrétaire rousse s'exclama :

– Comme c'est excitant !

Groucho, un cigare éteint coincé entre les dents, fit de petits bonds sur la moquette grise jusqu'à son immense bureau :

– N'est-ce pas ? Je ne vous connais pas ma chère, mais ma tension vient de grimper de dix points. Dix points de plus et je crois bien que je vais la vendre.

Il s'accouda au bureau et s'approcha d'elle.

– Et par quoi sommes-nous si excités ?

– Je voulais dire : *je* suis très excitée. Deux événements majeurs aux studios dans la même journée. (Elle se pencha pour ouvrir un tiroir.) Par ce terrible meurtre, bien sûr et parce que je savais que j'allais vous rencontrer, monsieur Marx. J'ai été transportée de joie quand monsieur Marker m'a demandé de noter votre nom dans son carnet de rendez-vous. (Elle se tut et me regarda.) Et votre nom aussi, monsieur Mumby.

– Denby, corrigeai-je en m'approchant de son bureau.

– Oui, c'est ça. En tout cas, monsieur Marx, je suis une de vos fans depuis toujours... Et... je sais bien que c'est puéril et maladroit mais... Puis-je vous demander...

– Oui ?

Elle extirpa un album d'autographes :

– Pourriez-vous m'écrire quelque chose ?

D'un bond, Groucho s'assit sur le bureau et croisa les jambes.

– J'accepte l'épreuve, ma douce. Que penseriez-vous de ceci :

Puissé-je te comparer à une journée d'été,
Toi qui es plus aimable et plus tempérée.
Tes vents âpres...

– Non, non, l'interrompit-elle en lui tendant l'album. Je voulais dire : pourriez-vous me donner un autographe ?

Il se saisit du cahier et descendit du bureau :

– Tu te rends compte, Raoul ? J'offre un sonnet à cette jeune fille et elle me dit qu'elle se contentera d'un simple autographe.

Elle sembla perplexe pendant quelques secondes puis sourit :

– Ah, je comprends, monsieur Marx. Vous faites le comique.

Il déposa l'album sur le bureau et y dénicha une page vierge :

– Oui, j'avoue. Je souffre de la maladie du comique depuis ma fatale remontée du fleuve Orénoque. Innocent et naïf que j'étais alors, je croyais le jour de mon inscription qu'Orénoque était un légume. Vous pouvez imaginer ma surprise et ma déception lorsque je me suis retrouvé à la barre d'un bateau à rames, à fendre des eaux infestées de poissons et...

L'interphone posé sur le bureau venait de pousser un miaulement, puis un raclement de gorge et une voix nasillarde se firent entendre :

– Est-ce que Groucho est passé, Bibiche ?

– Oui, monsieur Marker. Il est là depuis une minute avec monsieur Wimpy.

– Denby.

– Pas de temps à perdre, mon bébé, fais-les monter fissa.

– Immédiatement, monsieur.

Groucho, qui venait de conclure sa petite contribution à l'album, se pencha et le tendit à sa propriétaire.

– J'emporterai avec moi le souvenir de cette divine rencontre jusqu'au tombeau. Après quoi je le léguerai à qui acceptera de s'en charger. Adieu.

Il se dirigea vers la porte du bureau du producteur en traînant les pieds. Elle parcourut l'inscription.

– Vous avez écrit : «À Mirza, en témoignage d'éternelle dévotion» !

– Oui, je sais, c'est moins bien que le truc de l'été de tout à l'heure mais c'est concis et efficace, non ?

– Mais... Je veux dire... Je ne m'appelle pas Mirza.

Il haussa les épaules.

– Ça, ce n'est pas de ma faute et j'ai bien peur de ne pouvoir y remédier. Mais il n'est pas trop tard pour que vous abordiez le sujet avec vos parents. S'ils ne sont pas en ville, vous aurez d'excellents résultats auprès du maréchal-ferrant du village. Vous le trouverez sous le grand châtaigner la plupart des après-midi entre midi et cinq heures.

Il s'inclina dans un salut courtois, ouvrit la porte et entra à reculons dans le bureau de Marker. La secrétaire se tourna vers moi :

– Je suppose qu'il est toujours comme ça, monsieur Dumphy ?

– Oui. Même lorsque je voyage sous le nom de Denby.

Je lui souris et emboîtai le pas à Groucho.

– Je n'ai jamais beaucoup aimé ce Boche, avoua Lew Marker. Tous ces trucs intellos dans ses films, genre expressionnisme allemand, merci bien. En plus, il se mêlait de tout.

Marker était un homme qui approchait de la cinquantaine, de petite taille, très bronzé. Il portait un pantalon gris perle et un blazer de yachtsman dont la pochette était cousue d'armoiries d'or compliquées. Neuf chapeaux hauts-de-forme étaient disposés dans un désordre étudié sur son bureau suédois moderne.

– La dernière fille qu'il a emballée est tombée amoureuse de lui. La pauvre petite est morte, ajouta-t-il d'un ton maussade.

– Felix avait une histoire avec Marsha Tederow ? demanda Groucho, profondément enfoncé dans le fauteuil de cuir qui faisait face au bureau.

– Vous avez entendu parler de l'accident de voiture d'il y a quelques jours dans lequel elle est morte ? Quel gâchis. Elle avait vraiment un très joli petit cul. Je n'ai jamais réussi à rien avec elle, elle était dingue de ce Boche.

– Sa femme le savait ?

– La walkyrie ?

Il se mit à bousculer les chapeaux sur son bureau, visiblement à la recherche de quelque chose.

— Dès qu'il se passe quelque chose aux studios Mammouth, Erika l'apprend toujours. Mais je crois qu'elle se foutait pas mal de ses amourettes. Ils ne formaient pas vraiment un couple d'amoureux et je crois même qu'ils ne vivaient plus ensemble.

— Donc Erika n'aurait pas pu, sous le coup d'un subit accès de jalousie, descendre son mari ?

Le producteur repéra un fume-cigarette incrusté d'ivoire et s'en empara, regarda fixement Groucho en tapotant ses dents parfaites avec l'objet.

— Dites-donc, les gars, vous n'auriez pas par hasard l'intention de jouer aux détectives ?

— Pas du tout, Lew, répondit Groucho en secouant la tête. C'est d'avoir vu le corps qui m'a rendu un peu curieux. Mais bon, oublions ce meurtre et discutaillons du merveilleux scénario de *Cendrillon prend le volant*. Je me suis laissé dire que tu l'avais adoré.

— Dans une minute.

Il inséra une cigarette dans le fume-cigarette et saisit un briquet en forme d'Oscar miniature. Puis, de sa main libre, il désigna les hauts-de-forme.

— Vous qui êtes experts en comédie...

— C'est Frank l'expert en comédie, moi ma spécialité c'est les maladies du genou, rectifia Groucho.

— Sérieusement Groucho, à votre avis à tous les deux, lequel de ces chapeaux est le plus drôle ?

Groucho se leva de son fauteuil pour scruter la collection.

— Aucun, Lew, conclut-il avant de se reprendre. Ou alors peut-être celui qui est un peu miteux, à côté de la photo encadrée des monstres de foire. Il est modérément amusant mais sinon...

— C'est une photo de ma femme et de mes deux enfants.

— Ah, désolé. C'est la femme à barbe qui m'a abusé. Tu sais, Lew, en me basant sur l'expérience de la scène que j'ai accumulée depuis près d'un siècle, plus six mois de transport de fonds en diligence, j'en suis arrivé à la conclusion qu'aucun chapeau n'est aussi drôle que le comédien qui le porte.

— Sérieusement, Groucho, le costumier m'a livré ces chapeaux ce matin, expliqua le producteur. Ils sont tous un peu différents. Ce que je veux savoir c'est lequel irait le mieux à Robert Taylor ?

— Robert Taylor, le célèbre clown ?

— Robert Taylor l'idole du public féminin. Je crois que je vais pouvoir l'emprunter à la MGM pour tourner *Oh, Mr Lincoln !*

Horrifié, Groucho recula de deux pas.

— Tu envisages de produire un drame ?

— Arrête Groucho, tu sais très bien que *Oh, Mr Lincoln !* est une pièce comique à succès qui a été jouée à Broadway pendant deux ans. Francis Scott Fitzgerald nous a pondu un très bon script et Ben Hecht est en train de faire une réécriture géniale.

— Hecht serait très drôle avec le chapeau qui est à côté de ta tasse à café.

— C'est à ce foutu Robert Taylor d'être drôle dans le rôle d'Abe Lincoln. Je crois bien que ce gamin est sur le point de devenir un grand acteur comique.

— Tout ce que je sais c'est que chaque fois qu'il lance sa fameuse œillade je pousse un hennissement de rire. Bon, maintenant que nous avons réglé ce petit problème de couvre-chef, pourrions-nous discuter de notre merveilleux projet de film ?

Le producteur inspira une profonde bouffée dans son fume-cigarette, la laissa lentement s'échapper de ses lèvres puis se tourna vers moi.

— Groucho et vous, vous avez fait une très bonne émission de radio, Denby. À hurler de rire.

— Merci, répondis-je. Nous croyons que *Cendrillon prend le volant* sera encore plus drôle.

— Il va nous falloir un autre titre, les gars.

— Ah oui ? Et pourquoi ça ? demanda Groucho en réintégrant profondément son fauteuil.

— Qu'est-ce que vous pensez de *Le Prince Charmant prend le volant* ?

— Pourquoi, Lew ?

— J'aime beaucoup votre idée d'une ligne de bus au bord du dépôt de bilan en guise d'héritage. Même si je me demande si une ligne de chemin de fer ne serait pas plus drôle.

Groucho se raidit dans son fauteuil et regarda le producteur droit dans les yeux.

– Non, ce ne serait pas plus drôle. Mais d'où sort ce Prince Charmant ?

– J'ai un accord avec l'agent de George Raft. Pour l'instant, il n'a pas beaucoup tourné de comédies, mais j'ai le pressentiment que...

– Les seuls rôles que George Raft peut jouer sont les gangsters, les voyous, les brutes et, peut-être aussi, s'il s'applique, les mannequins de vitrine des grands magasins. Il est tellement raide qu'à côté de lui une jambe de bois a l'air vivante.

Le visage tanné du producteur prit une expression de profonde tristesse.

– C'est dommage que vous le preniez comme ça, les gars. Parce que George a réellement très envie de travailler avec vous. Il a été fan de votre émission de radio et il l'a écoutée toutes les semaines jusqu'à la fin.

Il expira plus de fumée qu'auparavant.

– Pourquoi est-ce qu'on vous a coupé l'antenne ? On m'a dit que l'audience n'était pas terrible.

– En fait, c'est le FBI qui nous a coulés. Ils ont découvert que nous transmettions des messages aux zeppelins ennemis avec des publicités pour des riz au lait de la marque Mullen, proposés en cinq délicieux parfums. Quand nous débutions l'énumération de la liste par la framboise, c'était un code qui voulait dire...

– L'audience était nulle, hein ?

– La plupart des soirs, les analystes ont conclu que notre seul auditeur était George Raft. À de rares occasions, il y avait aussi mon fils Arthur, mais uniquement les soirs où il n'était pas parti faire un tennis.

Je pris le parti d'intervenir, le plus poliment possible :

– Nous pensons que le personnage principal de *Cendrillon prend le volant* doit être féminin. Un scénario avec une femme affrontant un monde d'hommes...

– Qu'est-ce que vous pensez d'un bateau ?

– J'en pense que c'est un moyen de transport, concédai-je.

– On a un superbe décor de bateau dans les studios derrière. George pourrait hériter d'un bateau plutôt que d'une ligne de chemin de fer. Comme ça il pourrait participer à une course sur le Mississippi pour renflouer son affaire, ou alors il...

— Comme ça on pourrait appeler le film *Le Prince Charmant boit le bouillon*, coupa Groucho en se levant. Tu as déjà obtenu la signature de Raft?

— Pas encore.

— Est-ce que tu es prêt à nous faire une offre pour notre scénario?

— Pas encore, Groucho.

— Bon, dans ce cas pourquoi ne pas reparler de tout ça quand tu auras ta star sous contrat? Le moment venu, nous évoquerons le carnage que tu veux faire subir à notre merveilleux projet. D'accord Lew?

— Je pensais aussi à une ligne aérienne postale, dit le producteur en se levant et en imitant, bras écartés, un avion pris dans les turbulences. George Raft hérite d'une compagnie aérienne postale de la cordillère des Andes. Ce serait drôle.

— Et on appellerait ça *Le Prince Charmant décoiffe les lamas*.

— Groucho, tu n'arriveras à rien dans le métier de scénariste si tu refuses de faire quelques petites concessions.

— Quand tu auras George Raft à disposition, préviens-nous et nous parlerons de concessions.

— Bien parlé, Groucho. Voilà le genre d'attitude que j'aime.

Groucho ramassa le haut-de-forme le plus proche de lui, se pencha et en coiffa le crâne chauve de Marker.

— À propos, le chapeau le plus drôle du lot c'est celui-ci, et de loin. À moins que je ne sois influencé par le fait que tu le portes à merveille.

Puis nous sommes sortis.

CHAPITRE 5

C'EST un peu plus tard, au cours du même après-midi, que Groucho entendit parler du défi.

Au cours du mois d'août précédent, Groucho avait loué un nouveau bureau sur Sunset Strip. Il occupait une partie du second étage d'un bâtiment blanc de style colonial, que David O. Selznick aurait très bien pu utiliser comme décor dans *Autant en emporte le vent*. Au coin, il y avait un funérarium, un marchand de cigares et, de l'autre côté de la rue, une épicerie fine.

— C'est le bureau rêvé, Raoul, avait-il dit juste après la signature du bail.

Ce jour-là, donc, alors que la lumière du soir commençait à tomber sur les collines d'Hollywood, Groucho, comme il me le raconta plus tard, traversait le boulevard de Sunset Strip, transportant un sac de papier blanc qui contenait un sandwich au pastrami, deux portions de fenouil mariné kascher, une part de gâteau halva et le troisième tome de l'édition revue et corrigée d'une comédie dramatique, *Le Viol du Tarama*, dont l'auteur était un certain Mellman. Dans un moment de faiblesse, Groucho avait accepté de donner son avis sur cette œuvre due à la plume de son vendeur favori de l'épicerie fine Moonbaum. Avant de quitter l'échoppe, il avait assorti son accord d'un bémol :

— Mon cher Ira, je me dois de vous prévenir par avance que depuis le premier jour de mon arrivée à Hollywood, j'ai renoncé à fournir le moindre avis sincère. Et j'ajoute que j'avais déjà pris cette décision bien avant de m'installer dans ce quartier et d'aider les pasteurs du coin à disposer des machines à sous dans leurs églises.

Groucho traversa sans encombre le flux de Rolls-Royce, de

Jaguar et de décapotables pastel qui rugissaient sur Sunset Strip. Il arrivait soulagé de l'autre côté de la rue lorsqu'une très grosse femme, entre deux âges, attifée d'une robe à fleurs en soie artificielle, d'une veste de grosse toile et d'une fourrure de renard s'arrêta à sa hauteur pour le dévisager.

– C'est vous, s'écria-t-elle en pointant un index grassouillet dans sa direction.

– Votre fille vous a menti, madame, je n'ai jamais touché un cheveu de sa tête, assura-t-il en serrant contre lui son sac de victuailles. Mais je reconnais toutefois ne pas pouvoir être aussi affirmatif en ce qui concerne certaines autres parties du corps de cette chère petite.

– Je veux dire : vous êtes bien Groucho Marx, non ? dit-elle en fouillant dans son sac à main imitation cuir.

Groucho se renfrogna.

– Je n'y avais jamais vraiment réfléchi, mais, maintenant que vous le dites, Olivia, je crois bien que c'est moi.

– Je ne m'appelle pas Olivia. Mon nom est Madame Peter Goodman.

Elle localisa son album d'autographes dans son sac, l'extirpa et le lui tendit. Groucho s'en saisit comme si on lui offrait un chat crevé.

– Je vous appellerai Pete. Ça sera plus court.

– Je suis une de vos plus anciennes fans.

Groucho apposa son autographe et recula d'un pas pour scruter des pieds à la tête son interlocutrice.

– Effectivement. Vous auriez même pu dire une des plus grosses. Prenons rendez-vous à l'aube demain au stade pour quelques vigoureux tours de piste. On devrait pouvoir vous ramener au poids légal en vue de votre prochain championnat de boxe catégorie poids lourds.

La grosse femme rit de nouveau.

– Vous savez ce que je préfère dans votre humour, monsieur Marx ? C'est que c'est toujours très gentil. Mon mari dit que vous êtes bêtement agressif mais il dit toujours n'importe quoi ; moi je pense que vous êtes doux comme un agneau et que vous avez bon cœur.

– J'aurais tendance à partager l'avis de votre mari, ma petite dame.

Il lui restitua l'album et le stylo, tira sur le renard pour y déposer un baiser. Lorsque la femme eut fini de lire ce qu'il avait écrit dans son album d'autographes, elle tressauta et émit un petit cri étouffé. Mais, à ce moment-là, Groucho était déjà en train de gravir les grands escaliers de bois qui menaient à son bureau du premier étage.

En le voyant entrer d'une démarche volontairement titubante, la secrétaire stoppa sa frappe sur la machine Underwood.

– Nous avons un problème, Groucho, annonça-t-elle.

Nan Sommerville était une femme de caractère, solidement bâtie, qui approchait de la quarantaine. Elle avait été acrobate de cirque puis cascadeuse pour la MGM. Groucho affirmait qu'elle avait à plusieurs reprises été la doublure de Johnny Weismuller, ce que Nan niait. Elle était une sténographe hors pair et classait les dossiers à la perfection. Son seul défaut consistait en une tendance malheureuse à s'éprendre de magiciens professionnels. Ainsi, au cours du mois qu'elle venait de passer employée au service de Groucho, Nan avait connu deux romances sans lendemain avec le Merveilleux Marvelo et le Mystérieux Zambini. Du fait de la nature trouble et infructueuse de ses amours, j'avais demandé à Groucho de cesser de la saluer chaque matin en lançant son habituel «Bonjour mon lapin».

Alors que le crépuscule pointait son nez par les fenêtres, Groucho s'arrêta devant le grand bureau qu'elle occupait dans la salle de réception.

– Nanette, ma jolie fleur, pourquoi diable n'avez-vous pas allumé les lumières?

– Parce que je travaille pour un indécrottable radin qui me cherche toujours chicane au sujet de notes d'électricité prétendument élevées, répliqua-t-elle en allumant la lampe posée devant elle.

– Vous voulez sûrement évoquer Mister Hyde, mon alter ego, chère enfant, dit-il en posant une fesse sur le rebord du bureau. La personne présentement devant vous est l'incarnation même de la générosité et j'ajoute que je viens de distribuer quelques sacs de ducats à tous les nécessiteux que j'ai croisés.

Cela dit, j'avoue que, dans les environs de Beverly Hills, j'ai vu peu de nécessiteux disponibles. J'ai presque réussi à persuader un directeur de studio qui n'a gagné que vingt-sept mille dollars depuis le début de l'année d'accepter une aumône, mais il a jugé que cela risquerait de ruiner sa réputation en ville.

— Souhaitez-vous que je vous parle du problème que j'ai mentionné au moment de votre entrée grotesque ?

Tout en plongeant une main dans son sac de papier, il prit un air songeur.

— J'essaye toujours de voir le bon côté des choses et d'éviter autant que possible les problèmes. C'est d'ailleurs pour cela que...

— Vous avez été provoqué en duel.

La moitié de sandwich au pastrami qui venait de prendre son envol en direction de sa bouche stoppa net à mi-chemin.

— Ne me dites pas qu'Errol Flynn me fait encore une crise de jalousie.

— Il ne s'agit ni d'épée ni de pistolet. On vous propose un défi d'intelligence à intelligence.

— Je serais tenté de dire que je ne suis pas concerné. Mais à voir l'expression anxieuse de votre visage, je vais devoir vous croire, ma petite Nanouche.

Il mordit dans son sandwich et reprit :

— Disposez-vous d'informations plus pointues. Comme par exemple le nom de la personne qui me défie ?

— Un cabotin.

Il indiqua de sa main libre les fenêtres assombries.

— Nous sommes à Hollywood, capitale des cabotins. Soyez plus précise, je vous prie.

— Miles Ravenshaw.

Groucho aplatit avec soin son sac en papier sur le bureau, y déposa délicatement sa moitié de sandwich et se remit d'un bond sur ses pieds.

— Ah, le cabotin des cabotins, le prototype du mauvais acteur. Et quelle sorte de duel ce schlemiel a-t-il en tête ?

La secrétaire bien charpentée ouvrit un carnet de notes et y posa les yeux.

— Au cours de cet après-midi, vous avez reçu des appels de Dan Bockman du *Los Angeles Times*, de Norm Lenzer du *Herald*

Examiner, de Gil Lumbard du *Hollywood Citizen News* et d'un autre journaliste travaillant pour le *San Diego Union* dont le nom est, je crois, Harlan Waffle. Toutes ces personnes se disent très désireuses de s'entretenir avec vous.

— Je suis très déçu par le dédain de la presse féminine à mon égard.

Nan posa un index sur la page.

— D'après ce que j'ai compris, Felix Denker aurait été assassiné dans les studios Mammouth. Vous et Frank auriez été les premiers à trouver son cadavre.

— Nous sommes arrivés en second.

— Si vous voulez. À exactement trois heures cet après-midi, Miles Ravenshaw, qui joue Sherlock Holmes dans un film que Denker dirigeait, a tenu une conférence de presse dans les studios Mammouth. Bockman et Lumbard y ont assisté mais Lenzer se basait sur un communiqué qu'une attachée du service de presse de Mammouth lui a envoyé. C'est pour ça que leurs versions ne correspondent pas tout à fait. D'après Lenzer, Ravenshaw vous a traité d'imbécile prétentieux. Bockman soutient lui qu'il vous a traité de crétin prétentieux.

— Je trouve que la deuxième version sonne mieux, pas vous ? Si Rita Hayworth me pose encore un lapin aujourd'hui, je crois que je vais passer ma soirée dans mon atelier de couture à broder « Groucho est un crétin prétentieux » sur mes torchons à vaisselle.

— Bon, voici en gros ce que le cabotin a déclaré : « Felix Denker n'était pas seulement un grand réalisateur de cinéma, c'était aussi un ami très cher. Je regrette infiniment qu'il n'ait pas vécu assez longtemps pour finir de diriger ma composition de Sherlock Holmes dans la superbe production de *La Vallée de la peur* des studios Mammouth. J'ai la ferme intention de consacrer les heures que je ne passerai pas face aux caméras à résoudre l'énigme de cet horrible assassinat. Je jure de traquer le meurtrier et de le livrer à la justice. » Bien sûr, Groucho, je vous cite cela sans être capable de reproduire l'accent britannique traînant qu'il se donne.

— Venons-en, si vous le voulez bien, au défi et aux insultes proférées à mon encontre.

Elle tourna la page de son carnet.

— Bockman a évoqué le fait que vous aviez trouvé le corps et que vous vous étiez par le passé taillé une belle réputation de détective amateur. Puis il a demandé à Ravenshaw comment il prendrait le fait, envisageable, que vous le devanciez dans la résolution de l'énigme. Ce à quoi Ravenshaw a répondu, je le cite approximativement : « Comme chacun sait, mes talents d'investigation ont une légitimité. Avant d'aborder ma prolifique carrière d'acteur, j'étais un inspecteur de renom à Scotland Yard, dans mon Angleterre natale. » Maintenant Groucho, tendez l'oreille, voici le meilleur de ses propos : « Contrairement à certain comédien de bas étage qui n'a dû son succès d'enquêteur qu'à une conjonction de chance sidérante et d'orgueil démesuré, je suis *moi* un véritable professionnel. » Après quoi Lumbard lui a demandé s'il craignait la compétition avec vous et il a répondu : « Je suis convaincu que ce charlatan mal fagoté n'osera pas se mesurer à moi dès qu'il saura que Miles Ravenshaw est sur l'affaire. »

Elle s'adossa à sa chaise pivotante et referma son carnet. Groucho se ressaisit de son sandwich et y mordit d'un air pensif.

— Ce qui me fait le plus de mal, Nanette, c'est ce « mal fagoté ». Ce n'est pas seulement un manque d'égard envers mon tailleur mais aussi envers ma douce fille Miriam qui est en bas âge et à qui j'ai confié la charge de tout le repassage et de toutes les tâches lourdes de mon foyer.

— Ce qui chatouille surtout la curiosité de ces messieurs de la presse c'est de savoir si vous allez relever le défi de Ravenshaw ou si vous allez décamper la queue basse comme un chien.

— À l'évidence, avec une queue comme la mienne, je ne peux pas me permettre de...

Le téléphone posé sur le bureau retentit et Nan décrocha.

— Entreprise Groucho Marx, j'écoute.

Elle écouta puis posa la paume de sa main sur le microphone du combiné pour s'adresser à Groucho.

— C'est Johnny Whistler, de la radio.

Groucho reposa son sandwich et prit l'appareil.

— Johnny, vous pouvez dire à vos millions d'auditeurs que le code de conduite de la famille Marx m'impose de répondre à tous les défis, même lorsqu'ils sont lancés par des gens de l'acabit de Ravenshaw. J'ai donc l'intention de relever le gantelet. Enfin, dès que mon équipe et moi-même aurons déterminé ce qu'est exactement un gantelet. J'ai cru en voir un une fois à une vente de charité du côté de Glendale, mais en fait c'était une saucière. D'ailleurs... Comment Johnny ? Vous voulez une réponse concise ? Bon, eh bien dites seulement que j'accepte le défi et que je n'ai strictement rien à secouer de ce que ce minable godelureau pourra bien tenter. Et vous pouvez me citer, Johnny.

CHAPITRE 6

JANE et moi avons appris la nouvelle une heure plus tard. Nous avions fait auparavant une longue promenade sur la plage. Une pluie battante nous avait surpris alors que nous étions à un pâté de maisons du Bayside Diner, aussi nous étions-nous lâché la main pour courir nous réfugier dans ce petit restaurant.

– Oh, zut, dit-elle alors que nous passions le seuil.

– Quoi ? Tu t'es fait mal ?

– Non, je viens juste de me rappeler que j'avais acheté une bouteille de champagne pour célébrer ce jour et que j'ai oublié de l'ouvrir.

– Nous avons été déroutés, lui dis-je en allant au comptoir prendre quelques serviettes en papier. Mais j'en boirai un peu dans ta pantoufle quand nous serons rentrés.

Elle accepta les serviettes et essuya son visage.

– Si tu crois que je vais passer le reste de la semaine à marcher dans des pantoufles humides, tu... Oh ! Salut Enery.

Depuis que la carrière d'acteur d'Enery McBride avait pris son envol, il avait changé ses horaires et travaillait désormais la nuit au restaurant, pour pouvoir consacrer sa journée aux studios. Il nous sourit de derrière son comptoir :

– Alors, qu'est-ce que vous en pensez ?

– De quoi ? demandai-je en roulant en boule les serviettes trempées.

– Il faut encore que je prenne dix kilos. Est-ce que j'ai l'air plus gros que la dernière fois ?

– La dernière fois que nous t'avons vu, c'était il y a trois jours, Enery.

Jane prit place sur un tabouret et regarda Enery en penchant délicatement la tête du côté gauche.

— Tu as l'air un peu plus poupon. Je suppose ça se confirmera si tu te pèses.

Il n'y avait que cinq autres clients dans le restaurant. Deux adolescents aux cheveux très courts penchés sur leurs hamburgers à l'autre bout du comptoir, deux jumelles blond platine qui se disputaient à propos du texte d'une pièce de théâtre à une table et un projectionniste au chômage nommé Reisberson qui se mesurait à un flipper. Je pris le tabouret à côté de ma femme.

— Pourquoi diable veulent-ils que tu prennes dix kilos pour jouer le chauffeur de Mr Woo ?

— Non, c'est pour un autre rôle, rectifia-t-il en s'appuyant des deux mains sur le comptoir. Je vais faire le prêtre vaudou dans *La Malédiction des Zombies*.

— Il y aura qui d'autre ?

— Dans celui-là, j'essaye de transformer Heather Angel en zombie mais Regis Toomey la sauve à la fin et me descend.

— Avec un casting comme ça, tu dois pouvoir demander un bon cachet.

Il approuva de la tête.

— Absolument. Clarence Muse et moi, on va tirer à pile ou face pour savoir qui aura son nom au-dessus du titre sur l'affiche.

— On t'a trouvé très bien dans *Mr Woo risque le tout pour le tout*. Frank te l'a dit ?

— Quand je lui ai demandé s'il avait vu le film, il est devenu tout rouge et il a bégayé qu'il devait aller aux gogues, dit Enery en grimaçant. Mais quand il est revenu il a quand même dit que je faisais honneur à la profession.

— Tant qu'on est là, dit Jane en mettant sa main sur la mienne, on pourrait prendre quelque chose. Une tasse de chocolat, Enery.

— La même chose pour moi.

Enery se tourna vers le fourneau, prit une casserole de lait chaud et alluma la radio.

— Je regarde ton *Hollywood Molly* presque tous les jours dans le *Times*, Jane, dit-il en saisissant une boîte de cacao sur une étagère. C'est très drôle.

« ... C'est maintenant l'heure de retrouver le reporter d'Hollywood préféré des Américains. Voici Johnny Whistler. »

« ... Bonsoir à vous, à vous et spécialement à vous, dit Whistler d'une voix nerveuse et haut perchée. Aujourd'hui vous entendrez mon reportage sur l'un des événements les plus étonnants survenus dans la capitale du cinéma – le décès brutal du réalisateur Felix Denker. Celui qui avait fui l'Allemagne nazie de Hitler pour venir en Amérique il y a trois ans de cela et qui avait trouvé ici gloire et fortune a en effet été découvert mort assassiné sur un plateau de tournage... »

Enery posa devant nous deux tasses de chocolat et me demanda à voix basse :

– Il paraît que tu as découvert son corps, Frank ?

– Presque.

« ... Je vous raconterai aussi ce que l'acteur Groucho Marx, qui a été célèbre il y a quelques années et qui a découvert le corps du réalisateur antinazi, m'a déclaré en exclusivité il y a quelques instants. Plus tôt au cours de cet après-midi, Miles Ravenshaw, qui incarnait l'immortel Sherlock Holmes dans le film que la victime dirigeait, a juré qu'il découvrirait l'identité de l'assassin de son ami et collaborateur. Ravenshaw, qui était auparavant inspecteur à Scotland Yard, a défié Groucho Marx de le devancer dans son enquête. Bien que, comme vous le savez probablement, Groucho ait par le passé résolu quelques énigmes policières, Ravenshaw soutient que seule la chance et non le talent explique ces réussites. Groucho, et vous serez ravi de l'apprendre, m'a assuré qu'il trouverait le meurtrier de Felix Denker bien avant Ravenshaw. La police se refuse à commenter cette lutte entre acteurs. Nous reviendrons sur tous ces sujets brûlants après un petit mot de Martin Terman sur les savons et les produits de bain Weber... »

– Je ne savais pas que Groucho et toi alliez encore faire les détectives privés, dit Enery en posant un coude sur le comptoir.

– Lui non plus, dit Jane.

– Peut-être que Groucho va travailler sur l'affaire en solo, répondis-je en sirotant une gorgée de chocolat.

– Du courage, Frank, me dit Jane en m'envoyant un petit coup dans les côtes. Toi et Groucho, vous êtes partenaires. Et puis, si tu veux mon avis, il ne pourra pas réussir sans ton aide.

Je fis une petite moue dubitative.

– Oh, je suppose qu'il...

La porte du restaurant s'ouvrit en claquant et Groucho, vêtu d'un ciré jaune et coiffé d'un chapeau de pluie surgit de la nuit. Il retira son cigare de sa bouche et vint vers nous d'une démarche bizarroïde.

– Je me doutais bien que vous traîniez dans cette infâme gargote. Rassemblez tout ce que vous pourrez sauver, mettez-le dans un baluchon et décampons. La partie a repris, Raoul.

Notre petite maison de Mattilda Street donnait sur la mer à Bayside. Nous avions un living-room assez grand pour permettre à Groucho d'y faire les cent pas. J'étais assis sur notre nouveau canapé, un bloc-notes de format standard posé sur mes genoux. Jane avait croisé ses longues jambes pour se percher sur l'accoudoir d'un fauteuil. La pluie battante tombait lourdement sur les bardeaux de notre toit et coulait sur nos fenêtres.

– OK, Watson, dit Groucho, tu es bien certain de vouloir embarquer avec moi pour une autre enquête ?

– Oui, pas de problème.

– Souviens-toi que c'est mon honneur et non le tien qui a été souillé par Ravenshaw, dit-il en marchant, genoux fléchis, de long en large sur notre tapis ocre. En un sens, j'en suis assez content, puisque cet attentat démontre qu'il me restait encore un honneur à ternir. Il n'en demeure pas moins vrai, Raoul, que *toi* personne ne t'a traité d'imposteur mal attifé.

– Quand on s'en prend à toi, on s'en prend à moi. Du moins lorsqu'il s'agit de nos carrières de détective amateur.

– De toute façon Frank t'aidera, dit Jane. Alors autant vous y mettre sans attendre.

Groucho marqua une halte pour la regarder droit dans les yeux.

– Tu es une jeune femme admirable. Je regrette aujourd'hui d'avoir un jour conseillé à Frank d'éviter toute jeune dame possédant un cerveau dont la taille dépasserait celle d'un noyau d'avocat. Il a bien fait de ne pas m'écouter, sœurette.

– Et si vous commenciez par une liste de mobiles plausibles pour le meurtre de Denker ? déclara-t-elle en décroisant les jambes.

Groucho reprit son tour de piste.

– J'avais espéré qu'on commencerait par une liste de jouets pour mon Noël, mais je reconnais que ta suggestion est meilleure. Quoi qu'il en soit, n'oublie pas que mon souhait numéro un est une panoplie de gynécologue, comme ça je pourrais...

– Mobiles! trancha Jane en se levant pour se diriger vers la cuisine. Du café, Frank?

– Volontiers, Jane.

– Elle a raison, dit Groucho en la regardant sortir de la pièce. Pourquoi a-t-on tué Denker?

– C'était un type arrogant que personne n'aimait, proposai-je.

Groucho fit un signe de tête signifiant qu'il était d'accord puis quitta le tapis pour une petite promenade sur la moquette.

– C'est effectivement une possibilité. Beaucoup de gens ne l'appréciaient pas. Mais beaucoup de gens ne m'apprécient pas non plus et personne ne m'a descendu.

– Pour l'instant. Je ne crois pas qu'il ait été assassiné parce qu'il était désagréable, mais il y a peut-être un mobile lié à son travail. Il y a beaucoup de gens bizarres à Hollywood.

– Sans blague? Je n'avais jamais remarqué. Je suppose qu'il est possible qu'un acteur mécontent, un scénariste ou un technicien ait été assez fâché pour mettre un terme à la carrière de Felix, mais ça me semble peu probable. Il nous faut un motif plus sérieux.

Jane revenait de la cuisine.

– Avant d'évoquer la possible mauvaise humeur de collègues, les gars, que pensez-vous de la scénariste soûle découverte sur les lieux du crime?

– Clair Rickson? C'est sûr qu'il va nous falloir découvrir ce qu'elle faisait là.

– J'ai remarqué que Johnny Whistler n'a pas parlé d'elle à la radio, ajouta-t-elle. Vous croyez que la police le lui a interdit?

– La police ou peut-être les studios, dit Groucho en se tournant vers moi. Encore une chose que notre petit Franky devra regarder de près lorsqu'une nouvelle aurore aura paru.

– Je connais assez bien Clair pour lui téléphoner – à condition que Jack Norment ne l'ait pas jetée au cachot en qualité de témoin direct.

— Ou de suspect, ajouta Jane.

— En attendant, pourquoi ne pas penser à un mobile familial ? suggérai-je. Cela ferait de sa femme une meurtrière possible.

— Lew Marker, le prince des producteurs, nous a dit qu'Erika Klein n'avait pour son petit mari que de l'indifférence. La jalousie est hors sujet.

— C'est ce qu'*il* dit.

Groucho ralentit sa déambulation et se laissa tomber dans le fauteuil que Jane avait quitté.

— Il faudra donc mettre nos nez dans la vie privée de Felix Denker. Ajoute ça à notre liste de corvées. Nous devrons chercher à savoir s'il faisait le joli cœur avec d'autres jeunes femmes que Marsha Tederow. Et il faudra les identifier. Il y a de fortes chances pour qu'il y en ait eu plus d'une dans la mesure où Felix était ce que le psychanalyste Carl Jung appelle dans son jargon professionnel un « fieffé salopard de coureur ».

— Je reconnais bien là le sens de la formule de Carl Jung, déclara Jane en revenant de la cuisine avec un plateau garni de trois tasses de café.

— Décidément, ce n'est pas mon jour, se plaignit Groucho. D'abord Johnny Whistler dit de moi que je suis un acteur oublié et maintenant la conjointe de mon meilleur pote se moque de mes talents de pasticheur.

Jane nous offrit à chacun une tasse.

— Whistler a mentionné que tu étais beaucoup plus célèbre par le passé mais n'a pas dit que le public t'avait oublié. Ce n'est pas du tout la même chose, Groucho. N'exagère pas.

— Merci, infirmière. Vous devez avoir raison.

Jane prit place dans une chaise à bascule en bois, sa tasse enserrée dans ses deux mains.

— Et l'angle nazi ?

— C'est le sujet que j'allais aborder, dit Groucho. Denker était très actif au sein d'organisations comme la Ligue contre le nazisme et il a récolté pas mal d'argent pour celle-ci et pour d'autres du même genre. Il avait donc toutes les chances d'avoir son nom en tête des listes noires de la Gestapo.

— S'il avait été à Berlin, j'imagine aisément qu'on l'aurait assassiné comme opposant, dis-je. Mais utiliser un agent allemand pour l'abattre dans ce pays, c'est une autre paire de manches.

Groucho fit surgir un cigare de la poche de son manteau sport en tweed, en coupa le bout et le coinça entre ses dents. Il n'avait pas l'air de vouloir l'allumer.

– Note que nous devrons découvrir précisément ce que Felix représentait pour ses anciens compatriotes.

– Même chose pour Erika Klein. Est-ce que les nazis veulent sa mort, à elle aussi ? Peut-être est-ce elle la véritable cible et peut-être que les nazis se seraient payé Denker en guise d'échauffement.

– Je n'ai pas beaucoup d'affection pour cette dame – si elle était un peu plus costaude, elle pourrait interpréter un rôle de premier plan dans un opéra de Wagner – mais j'irai lui parler demain.

– Elle sera peut-être en plein deuil.

– À supposer qu'elle ait eu du chagrin, elle a sûrement dû le surmonter dans l'heure qui a suivi la nouvelle de sa mort.

– Je connais quelqu'un qui travaille à la publicité chez Mammouth, quelqu'un que j'ai connu quand je travaillais au *Los Angeles Times*, dis-je en inscrivant une note sur mes tablettes. Je vais voir ce que je peux apprendre de leur passé à tous les deux.

– Ce ne serait pas mal si on pouvait aussi jeter un œil sur le rapport du médecin légiste, dit Groucho en retirant le cigare de sa bouche pour boire un peu de café. Le sergent Norment s'est montré modérément cordial à ton égard, Raoul. Tu crois pouvoir obtenir une copie du rapport d'autopsie et une autre de celui établi par Norment ?

Je restai silencieux quelques secondes, le temps de regarder les poutres du plafond et de sentir ma langue visiter chaque recoin de mes joues.

– Jack Norment n'est pas le mauvais bougre, mais je ne sais pas s'il sera d'humeur coopérative. Après la conférence de Ravenshaw, Norment va peut-être croire que nous faisons tout ça pour notre publicité.

– Et il aura raison, précisa Groucho. Avec ou sans son appui, j'ai bien l'intention de faire du bon travail – vois si tu peux lui tirer les vers du nez.

Jane se balança lentement dans son fauteuil.

— Il ne serait pas mauvais de savoir ce que Ravenshaw a l'intention de faire. Vous croyez qu'il va vraiment enquêter ou est-ce qu'il a juste essayé d'épater la galerie ?

— Difficile de prédire comment un mariolle tel que Ravenshaw va se conduire. À ton avis, Frank ?

— Je peux là-dessus aussi questionner mon contact de la publicité chez Mammouth. M.J. McLeod me doit quelques services.

Jane se tourna vers Groucho.

— Tu remarqueras la façon dont Frank utilise les initiales de cette personne. Juste pour que je ne m'aperçoive pas qu'il s'agit de Mary Jane McLeod, avec qui il a vécu une torride histoire d'amour.

— Une histoire tiède, corrigeai-je. C'était il y a quatre ans, soit bien avant que je te rencontre. Et puis cette historiette minable n'a duré que six semaines et demie.

— Tu remarqueras, Groucho, qu'il ne mentionne pas que cinq des six semaines et demie de cette historiette minable se sont passées dans la chambre d'un motel de Caliente, avec les stores vénitiens baissés la plupart du temps.

— Les enfants, les enfants, gronda Groucho avant de terminer son café. En tant que personnalité ayant toujours suivi le droit chemin, c'est-à-dire celui qui mène aux maisons de mauvaise réputation, j'ai horreur d'entendre mes disciples faire référence à des conduites salaces les concernant. Si vous le voulez bien, nous allons récapituler notre liste de travaux.

Il tendit la main gauche et, un par un, toucha de son cigare éteint ses doigts écartés, au rythme de son énumération.

— D'abord, Frank discute avec la survoltée M.J. McLope...

— Elle s'appelle M.J. McLeod, et ne crois pas tout ce que Jane raconte.

— Frank, disai-je, tâche d'apprendre de la virginale bouche de cette candidate à la béatification un maximum d'informations sur Felix Denker et sur sa bourgeoise, Erika Klein. Il devra aussi lui soutirer des renseignements sur les intentions de Miles Ravenshaw. Lorsqu'il aura un moment de libre, il contactera le sergent Norment et essaiera d'obtenir le rapport d'autopsie de Denker et tout ce qu'il pourra subtiliser. À ce sujet, j'ai besoin d'un bon taille-crayon. Pendant ce temps, je me fends d'une visite de condoléances auprès de la veuve Erika et lui fais avouer ce qu'elle pense de la mort de son époux. Ce ne serait pas une mauvaise idée aussi que je débarque chez le professeur Ernst Hoffman pour une discussion matinale.

– Je l'ai rencontré une fois dans ton bureau, il est membre de plusieurs organisations antifascistes, je crois ?

– Oui, c'est Ernie, dit Groucho. Il connaissait Felix et Erika quand ils étaient à Berlin et ils ont continué de se voir en Amérique.

– C'est le type qui enseigne au Altadena Community College ?

– Oui, il a intégré le département de littérature en arrivant de Berlin. Ernie est un spécialiste de Goethe. D'ailleurs nous avions envisagé d'écrire ensemble une saga philosophique de l'Ouest américain dont le titre devait être *Goethe règle ses comptes avec les Peaux-rouges*. Mais, lui et moi, on ne trouve jamais le temps de s'y mettre.

– Pitié, demanda Jane.

– J'aurais pu ajouter que nous avions également projeté la rédaction d'une épopée de la guerre civile intitulée *Autant en emporte le docteur Faust*. Remerciez-moi de vous avoir épargné ce détail.

Je ressaisis ma tasse et me radossai au canapé.

– Nous devrions aussi en apprendre un peu plus sur Marsha Tederow.

– Qui est-ce ? demanda Jane.

– Elle était assistante réalisatrice sur *La Vallée de la peur*, expliquai-je. Elle est morte dans un accident de voiture quelques jours avant le meurtre de Denker.

– Deux personnes reliées par le même film, remarqua Jane. C'est tout de même un tantinet bizarre.

Groucho se tourna vers moi.

– Tu penses pouvoir jeter un œil sur le rapport de l'accident ?

– Peut-être avec l'aide de Norment. Sinon, je demanderai à un journaliste du *Los Angeles Tribune*... J'irai aussi voir ce qu'il y a aux archives de la morgue sur elle.

– Parfait. D'autant plus que nous savons qu'elle était une des conquêtes de Denker.

— Tu devrais aussi vérifier si Miles Ravenshaw la connaissait bien, suggéra Jane.

— Bien dit, approuva Groucho. Il y avait peut-être un ménage à trois là-dessous. Il n'est pas non plus impossible que des Martiens échappés de la dernière soirée donnée par Orson Welles aient envahi les studios Mammouth et aient buté Denker. Pour l'instant, les enfants, nous ne savons strictement rien.

— Tu sais très bien que toi et Frank formez une bonne équipe. Alors ne prends pas ces airs de chien battu d'avance.

— Si je prends des airs de chien battu, ma chère, c'est justement parce qu'on m'a récemment battu comme un chien. J'aurais pourtant dû me douter que les flics de Beverly Hills ne plaisantaient pas avec le vol de bétail mais je n'ai pas pu m'en empêcher.

Il se releva, fit une révérence, et s'approcha d'elle. Il se pencha et déposa un baiser sur son front.

— J'apprécie néanmoins ton vote de confiance.

J'allais poser le bloc-notes à côté de moi mais je changeai subitement d'avis et y inscrivis autre chose.

— Quatre.

— Ce n'est pas le meilleur moment pour une partie de golf, observa Groucho.

— Je viens juste de me souvenir du quatre que Denker a inscrit sur l'exemplaire du *Strand*.

— Ah, oui, l'énigme du message de l'Agonisant.

— Quel genre de quatre ? demanda Jane en s'asseyant près de moi sur le sofa.

— Un quatre non fermé, avec le haut du chiffre ouvert.

Elle prit un air intrigué, puis se saisit du stylo et du bloc.

— Il y a un truc qu'un ami m'a montré un jour où nous travaillions tous les deux sur une bande dessinée.

Elle ajouta trois traits à mon chiffre et le transforma en croix gammée. Groucho s'approcha pour regarder.

— Si nous étions sûrs que Denker voulait bien tracer un symbole nazi, nous aurions un début de quelque chose à nous mettre sous la dent.

— Et qu'aurions-nous ?

— Peut-être qu'il essayait de dire qu'un nazi lui avait tiré dessus, répondit ma femme.

Je restai perplexe.

– Je ne sais pas... C'est une possibilité bien sûr. Ou peut-être voulait-il juste écrire un quatre. Ou bien encore sa main ensanglantée a dessiné sous l'effet de spasmes incontrôlés quelque chose qui ressemble vaguement à un chiffre.

– Ne sois pas si chien battu à ton tour, dit Groucho. À ce stade de notre enquête, nous avons besoin du moindre indice et je trouve que ta patronne a bien du mérite, en dépit des souffrances que tu lui infliges, à nous en avoir fourni un aussi astucieux. De toute façon, nous avions également l'intention d'aborder l'affaire sous son angle nazi. Nous avons donc une raison supplémentaire à cela.

Je me levai et me tins près de lui.

– Ça fait du bien de renouer avec la pratique de l'investigation policière, Groucho.

– Raoul, moi-même je ne me suis pas senti aussi bien depuis la fois où j'ai été élu vice-Miss Amérique en 1926.

CHAPITRE 7

UNE liasse de journaux coincée sous mon aisselle, je m'arrêtai devant la porte grande ouverte de la pièce où Jane avait installé son atelier de dessin.

– Occupée?

Elle posa sa plume, reboucha la bouteille d'encre et m'offrit son sourire.

– Tu t'es mis à vendre la presse à la criée ou tu cherchais des renseignements sur le meurtre?

J'étais allé en voiture jusqu'au Bayside Boulevard tôt dans la matinée et j'avais ramassé tous les quotidiens publiés dans les environs de Los Angeles. Après une heure de lecture et de prise de notes, je m'étais levé du sofa pour partager mes découvertes avec ma femme.

Jane portait un chemisier rayé multicolore, une jupe sombre et avait noué ses cheveux auburn en queue de cheval avec un ruban vert.

– Commence par me dire l'essentiel: combien de fois ont-ils cité ton nom?

– Figure-toi que le *Los Angeles Times* parle aussi de toi, répondis-je en déposant ma pile sur un classeur colonne.

Je prélevai le *Times* et l'ouvris.

– Ils disent... «Groucho Marx sera assisté de Frank Denby, un scénariste qui a épousé la célèbre dessinatrice Jane Danner, créatrice de la bande dessinée à succès *Hollywood Molly* (voir page 23)...» En fait, ils parlent plus longuement de toi que de moi.

– C'est parce qu'ils publient mes bandes dessinées. En tout cas, ils disent de toi que tu es scénariste.

— Uniquement parce que « scénariste », c'est plus présentable que « auteur radiophonique au chômage ».

Elle me regarda d'un air de reproche amusé.

— Inutile de te lamenter sur ton sort.

Je me rapprochai un peu d'elle.

— J'avais deviné à peu près juste à propos de l'heure de la mort de Denker. La police a estimé qu'il a été tué lundi soir entre huit et dix heures. L'arme est un Smith & Weston calibre trente-deux qui n'a pas été retrouvé.

Je posai mon regard sur la planche qu'elle venait de noircir.

— Ça m'a l'air très bien, ça.

— Moins de flatteries et plus de détails, dit-elle en se penchant pour déposer un baiser sur ma joue.

— OK, un des articles mentionne le fait que Denker était possesseur d'un Smith & Weston trente-deux que la police n'a retrouvé ni dans sa maison ni dans son bureau des studios Mammouth.

— Tué avec son propre revolver ?

— Peut-être.

— Et qu'a déclaré ton pote le sergent Norment au sujet de Clair Rickson ?

— Pas un mot.

— Nada ?

— Rien. Elle n'est citée dans aucun article. J'ai essayé de l'appeler chez elle mais on m'a répondu qu'elle était malade et qu'elle ne répondrait pas au téléphone.

— Tu penses qu'ils l'ont mise au trou ?

— J'aimerais bien en être sûr.

— Est-ce que Norment parle d'un suspect ?

— Il a simplement déclaré à la presse qu'il avait plusieurs pistes dont il ne souhaitait pas faire état. L'article de Dan Bockman affirme que les flics sont à la recherche d'un électricien qui a été viré des studios il y a une semaine après une querelle avec Denker sur un plateau. Il n'y a pas de nom cité mais ce type est apparemment un Allemand favorable aux théories proaryennes de Hitler.

— Ça te semble être un suspect plausible ?

— Il le serait seulement si on m'expliquait pourquoi Denker

aurait laissé s'approcher de lui un type qui l'avait menacé – et avec son propre revolver en plus.

– Tu m'as dit qu'il n'y avait pas trace de lutte, je crois.

– Et l'expertise médico-légale l'a confirmé.

– Ça peut signifier que le tueur était un ami ?

– Oui. En tout cas quelqu'un qu'il connaissait et en qui il avait confiance.

– Où était sa femme à l'heure du meurtre ?

– L'article de Norm Lenzer dit que son départ des studios Mammouth a été enregistré par le gardien du portail à six heures quinze le soir du meurtre et qu'elle n'est pas revenue avant neuf heures et demie le lendemain.

– Le crime familial passe aux oubliettes.

– À moins qu'elle n'ait engagé quelqu'un pour descendre son mari.

Jane haussa les sourcils et prit une voix grave :

– ... « Bonsoir Felix, vous ne me connaissez pas, mais je suis le voyou que votre épouse a engagé pour vous buter. C'est comme si j'étais de la famille pour ainsi dire, donc ce n'est pas la peine de vous défendre. »... Non, ça n'est pas très crédible.

– Disons qu'il y a plein de manières d'assassiner quelqu'un en faisant en sorte qu'il reste sagement assis. Mais je reconnais que la thèse du tueur à gages n'est pas solide.

– Que dit Norment du chiffre quatre ?

– Rien. Selon l'article de Bockman, la police n'attacherait pas beaucoup d'importance au supposé message du mourant. Mais c'est peut-être une feinte de Norment.

Jane recula de sa table de dessin et s'étira en élevant les bras au maximum.

– Est-ce qu'ils ont fait le lien entre Marsha Tederow et Denker ?

– Pas encore, même si certains articles évoquent une espèce de malédiction liée au film. Du genre deux morts violentes dans la même semaine pour deux personnes travaillant sur le même tournage.

J'allai m'asseoir dans son fauteuil en osier.

– J'ai trouvé dans la salle de bains des journaux de la semaine dernière qui mentionnent son accident de voiture. Il n'y a que des brèves. Son coupé Chevrolet a dérapé sur une route mouillée à Mulholland. Elle est allée droit dans un ravin et sa voiture a explosé. Elle est morte dans les flammes.

– Sale façon de mourir.

– Ouais. La police n'y a pas vu autre chose qu'un accident. Mais ils vont peut-être vérifier à nouveau à cause de sa liaison avec Denker.

– Toi et Groucho, vous êtes cités comme ayant découvert le corps ?

– Tous les articles se trompent en imputant à Groucho la découverte du cadavre. Et la plupart des journaux dissocient le meurtre et le défi lancé par Ravenshaw.

J'attrapai un des quotidiens et l'ouvris à la page trois.

– Celui-ci a titré *Groucho Marx contre Sherlock Holmes.* Ils ont tous plus ou moins écrit la même chose. Même s'ils admettent tous que Groucho et moi avons déjà résolu des enquêtes, ils traitent de l'affaire du défi comme d'une vaste blague. Peut-être parce que Ravenshaw est concerné.

– Je pense que vous formez une excellente équipe, dit ma femme, mais tu dois reconnaître que Groucho est quelqu'un qu'on prend difficilement au sérieux, Frank.

– Oui, c'est...

Le téléphone retentit sur le guéridon proche de sa table. Jane décrocha, écouta en retroussant son petit nez puis se retourna vers moi.

– Le sergent Norment en personne.

Je pris le combiné.

– Bonjour Jack.

– Frank ? On vient de me signaler que tu avais cherché à me joindre.

– Je crois que tu sais que Groucho Marx et moi aimerions nous pencher sur le meurtre de Denker. J'espérais obtenir un exemplaire du rapport d'autopsie et peut-être aussi les photos prises lors de...

– Corrige-moi si je me trompe mais il me semble que tu ne travailles plus pour le *Los Angeles Times*, non ?

– Non, mais c'est...

– Même si tu étais encore un journaliste accrédité, et non pas un scénariste renommé, je ne serais pas dans l'obligation de partager avec toi des informations de police confidentielles.

— Tu m'as déjà pourtant plusieurs fois laissé regarder ce genre de rapports du temps où...

— Groucho Marx, c'est bien l'acteur qui se peint une moustache sur le visage et passe son temps à courir après les blondes dans des films populaires, non? C'est bien avec ce Groucho Marx-là que tu fais équipe, non?

— Effectivement. Ce n'est pas le Groucho Marx qui est doyen de l'université de droit de Californie du Sud.

J'entendis son rire, le premier depuis longtemps. Mais il se reprit.

— Écoute, Frank, je suis très occupé mais je voulais tout de même te dire deux mots et tu m'obligerais beaucoup en faisant passer le message à Groucho Marx. On m'a confié la tâche de trouver l'assassin de Felix Denker. Je vais le faire parce que c'est mon travail, pas pour faire le guignol ni de la publicité autour d'un script ou d'un film policier bas de gamme. Dans la mesure où je te connais bien, Frank, je m'abstiendrai de te virer, toi et Groucho, de tous les endroits où j'irai enquêter, à la condition que vous ne me mettiez pas des bâtons dans les roues et que vous ne soyez pas trop collants. Et même je te saluerai cordialement si nous nous croisons. Mais je te prie de bien t'enfoncer dans le crâne que je ne coopérerai ni avec toi, ni avec Groucho Marx, ni avec un certain acteur à la mords-moi le nœud qui se promène en répétant «Élémentaire, mon cher Watson». Tu veux des infos sur le meurtre? Lis les journaux. Au revoir.

Je rendis le combiné à Jane. Elle le reposa sur l'appareil.

— Tu as passé plus de temps à écouter qu'à parler.

— C'est toujours comme ça avec les sermons.

Groucho, pendant ce temps, faisait irruption dans son bureau de Sunset, un paquet provenant de l'épicerie fine Moonbaum coincé sous le bras, à la façon d'un rugbyman.

— Bonjour, mon lapin. Comment allez-vous? lança-t-il en terminant une superbe glissade contrôlée en face du bureau de sa secrétaire.

Nan Sommerville arrangea une mèche de ses cheveux puis s'adressa très poliment à son employeur.

— Très bien, merci. Vous serez heureux d'apprendre que je

viens de commencer à fréquenter une nouvelle personne. Un type formidable, galant et attentionné. Pas du genre d'une certaine gargouille pour laquelle je travaille.

Groucho déposa son sac sur un espace dégagé du bureau, appliqua les paumes de ses mains sur ses yeux et prit un accent indéfinissable.

— Yé demande au public dé né pas m'aider. Yé vais maintenant utiliser mes pouvoirs dé médium et dévoiler lé métier dé la personne qué nous venons dé citer. Yé vois... Yé vois... des lapins, oune chapeau claque, oune pastèque, oune femme blonde sciée en deux dans oune caisse... Non, attendez. Oubliez la pastèque.

Il baissa les mains, ouvrit grand les yeux et pointa son index vers Nan.

— Il est magicien. Ai-je raison, jeune madame?

— Oui, bon, d'accord. Il semble que j'aie une attirance pour les magiciens professionnels. Je ne vois pas le mal qu'il y aurait à ça.

— C'est toujours mieux que les meurtriers récidivistes ou les chanteurs d'opérette, accorda-t-il en extrayant de son sac un petit pain rond cuit au fromage. Comment votre dernier spécimen se fait-il appeler?

— Le Stupéfiant Zanzibar.

Groucho fit un petit signe de tête.

— Je crois que Chico, Harpo, Zeppo et moi avons déjà travaillé dans le même music-hall que lui, il y a longtemps. Irving Zanzibar. Presque un mètre soixante, un peu plus de cent dix kilos, une verrue là et un gros grain de beauté là. C'est lui?

— Il est gentil et élégant, il ressemble un peu à l'acteur Edmund Lowe.

— Personne ne ressemble à Edmund Lowe. Même pas Edmund Lowe lui-même. Il faut deux maquilleuses travaillant pendant trois heures pour qu'Edmund Lowe ressemble à Edmund Lowe. Ou alors trois maquilleuses travaillant deux heures.

Il soupira, mordit dans son pain et soupira encore.

— Mesdames et Messieurs, ainsi s'achève notre rubrique des cœurs solitaires. Maintenant, au travail.

Nan extirpa d'un tiroir un dossier jaune et l'ouvrit.

– J'ai découpé dans la presse les articles se rapportant au meurtre de Felix Denker et j'ai rédigé un résumé des informations qu'ils contenaient.

– Nanouche, je suis très touché, car jamais personne auparavant ne m'avait offert de résumé. J'ai failli en demander un une fois au père Noël mais ce vieux ringard n'a rien fait d'autre que me faire sauter sur ses genoux et me tenter avec son sucre d'orge.

Il s'approcha d'un côté de son bureau pour compulser les coupures du dossier. La secrétaire reprit la parole.

– J'ai aussi réussi à joindre Erika Klein. Si j'en crois ses propos, elle est très abattue par le décès de son époux mais consent, parce que vous avez jusqu'à présent vaillamment soutenu l'opposition à Hitler, à vous accorder un bref entretien.

– Chouette, répondit Groucho en se trémoussant. Où crèche notre jeune veuve éplorée ? On m'a dit qu'elle et Denker ne cohabitaient plus.

– Elle réside à Bel Air, où elle est invitée par un ami dans la propriété Merlinwood.

Il reposa les articles qu'il venait de parcourir et éleva les sourcils.

– Merlinwood ? La célèbre tanière du fringant acteur Guy Pope, le fier-à-bras du cinéma muet ? Qui vit avec la petite Alma Avon, célébrée du temps de ma lointaine jeunesse comme « le garçon manqué préféré des Américains » ?

– Exactement.

– On dit qu'Alma Avon n'a pas posé un pied hors de leur château depuis le jour où *Le Chanteur de Jazz*, le premier film parlant, est sorti.

Groucho reprit sa lecture en mordant dans son pain au fromage. Il grogna de surprise.

– Ces gens-là sont des ermites. Pourquoi diable accueillent-ils Erika sous leur toit ?

– En fait, elle réside dans une petite maison qui se trouve sur leur propriété. Ils possèdent plus de trois hectares de terrain, vous savez.

– Je n'ai hélas jamais été l'hôte des Pope et n'ai jamais tenté de pénétrer chez eux. Guy Pope est maladivement jaloux depuis qu'il a vu une photo de moi en bas et porte-jarretelles. Et puis il sait certainement que si je ne m'étais pas trompé lors de l'audition en mettant ma flèche à l'envers sur l'arc, c'est moi et non pas lui qui aurait été choisi pour jouer Robin des Bois dans ce chef-d'œuvre du muet qu'a été *Le Fripon de la Forêt de Sherwood*.

— En 1924, quand ce film est sorti, vous et vos frères jouiez au théâtre à Broadway.

— C'est juste. Faire le trajet en train tous les jours entre New York et Hollywood m'aurait sûrement éreinté. Tant mieux si je n'ai pas eu le rôle. Mais pourtant j'étais vraiment très mignon dans mon petit costume de Robin des Bois. Le vert met en valeur la lueur de mes yeux, alors que sur les militaires, ça aurait plutôt tendance à...

— Les funérailles et l'enterrement de Felix Denker sont prévus vendredi à dix heures. La cérémonie aura lieu dans le cimetière Peaceable Woodlands de Glendale. Vous êtes invité, mais il n'est pas prévu que vous portiez la bière.

— Tant mieux. Quand on soulève trop de cercueils, on finit par vous cataloguer et vous donner toujours les mêmes rôles au cinéma. Regardez ce qui est arrivé à Benny Karloff.

— Boris Karloff.

— Non, moi je parle du cousin de Boris, Benny Karloff, qui est tombé dans la misère quand la vogue des films de souleveurs de bière s'est éteinte. Moi je l'avais trouvé tout à fait génial dans *Soulève-moi encore un verre, pour voir.* C'est dans ce film-là que le héros doit faire rouler un tonneau entre Chicago et...

— D'après ce que j'ai entendu, les flics ne sont pas plus avancés que vous dans l'enquête.

— Ils laissent entendre qu'un électricien colérique employé par les studios serait suspect.

Groucho assembla les coupures de presse en une petite pile approximativement ordonnée et l'inséra dans le dossier avant de conclure :

— Dans le milieu des détectives il y a une expression pour ça : tirer à la courte paille.

— Me permettriez-vous de vous donner un conseil, Groucho ?

Il fit une révérence gracieuse puis écarta les bras en signe de bienvenue.

– Cet établissement est toujours réceptif à la critique lors-qu'elle est constructive.

– Avant d'aller à Bel Air, vous devriez essuyer le fromage sur votre menton.

CHAPITRE 8

LES hautes murailles de pierre qui ceinturaient la propriété Merlinwood n'étaient rompues que par un portail en fer forgé. Il était grand ouvert mais un policier en uniforme se tenait dans l'allée recouverte de graviers blancs.

Groucho serra le frein à main de sa Cadillac et baissa une vitre. Le flic s'approcha de lui.

– Vous cherchez quelque chose, monsieur ?

Il était trapu et arborait une face rougeaude.

– J'ai rendez-vous avec Erika Klein. Elle habite, je crois, ici en ce moment.

– Et vous êtes ?

– Groucho Marx.

Le flic s'approcha un peu plus pour étudier le visage du conducteur.

– Oui, ça a l'air d'être vous.

– Vous pouvez me faire confiance, monsieur l'agent. Si j'avais eu le choix, j'aurais été quelqu'un d'autre. À un certain moment j'ai presque réussi à devenir directeur d'une école de police. Et puis ils ont remarqué que mon accent irlandais n'était pas assez fort. En plus, je n'étais pas alcoolique. Nos relations se sont détériorées et j'ai finalement dû m'enfuir pour échapper aux derniers outrages.

– Mm-mm. Allez vous ranger près des garages et contournez-les à pied jusqu'à ce que vous trouviez trois petites maisons – enfin eux ils appellent ça des petites maisons mais elles sont toutes deux fois plus grandes que mon commissariat. Erika Klein est dans celle de droite.

– Vous êtes là pour la protéger ?

Le policier approuva de la tête :

— Ceux qui ont tué son mari pourraient bien tenter le coup avec elle. Salopards de nazis. On la couvre vingt-quatre heures sur vingt-quatre.

Il fit un petit au revoir de la main et s'éloigna vers un côté de l'allée.

Groucho traversa plusieurs jardins à la française, parsemés de cyprès noueux. Le feuillage était presque entièrement flétri et sec, déjà touché par l'hiver. La maison principale était énorme, construite en pierres grises qui lui donnaient l'aspect des décors de châteaux dans lesquels Guy Pope avait été tant de fois filmé pendant l'âge d'or du muet. En regardant la bâtisse, on s'attendait à apercevoir des archers embusqués aux fenêtres du troisième étage, peut-être aussi quelques soldats montés sur le toit d'ardoise pour verser un chaudron d'huile bouillante sur les visiteurs.

Alors que Groucho stoppait sa Cadillac sur le gravier, il entendit un chien hurler à la mort, quelque part dans la maison aux vingt-cinq pièces. Au son, il pensa à un gros chien de meute.

— Je dirai aux Baskerville que tu les réclames, murmura Groucho en posant un pied hors de la voiture.

Le ciel était encore couvert. Il fit le tour du garage et rencontra un homme occupé à tailler le lierre qui courait vers les hauteurs grises des murs du château factice. L'homme, à la cinquantaine un peu avancée, était hâlé et manipulait le lierre avec une grâce énergique.

Groucho s'avança

— Bonjour Guy. Veuillez me pardonner d'avoir pénétré dans votre domaine.

L'acteur stoppa sa taille et se tourna vers lui. Son visage parut perplexe.

— Je vous connais, je crois, non ?

— Je suis Groucho Marx.

— Ah, oui, c'est vous, dit-il en souriant. Pardonnez-moi de ne pas vous avoir reconnu immédiatement. Ma mémoire, parfois... Oui, Alma et moi nous vous avons vu avec vos frères à Broadway quand vous jouiez *Noix de Coco*. Vous étiez très drôle. C'était en dix-neuf cent vingt-huit, non ?

– Dix-neuf cent vingt-six.

– Vous étiez tous génialement drôles, vous surtout – même si mon Alma vous trouvait un peu trop grivois. J'aurais beaucoup aimé vous faire entrer pour que vous la rencontriez à nouveau mais elle est souffrante.

– J'en suis désolé. Mais je suis venu rendre visite à Erika Klein.

– Quelle terrible tragédie, ce qui est arrivé à son pauvre mari. Personnellement je n'aimais pas beaucoup ses films – trop pompeux à mon goût – mais je me suis laissé dire que Felix Denker était un génie. Quelle chose atroce que d'être assassiné sur le plateau de son propre film.

– Vous avez eu un beau geste en accueillant sa veuve.

Pope secoua tristement la tête et resta silencieux quelques secondes avant de reprendre.

– C'était la moindre des choses. Mais en fait ce n'est pas moi qui l'ai invitée.

– Ah oui ?

– Non, c'est...

Il fit une nouvelle pause et sembla chercher ses mots.

– Je ne sais plus mais ce n'est pas moi. Mais nous sommes ravis de pouvoir rendre service.

– Votre femme peut-être ?

– Non, ce n'est pas mon Alma, non. Elle est trop affaiblie pour proposer ce genre de choses.

– Je dois y aller, dit Groucho.

– J'ai été enchanté de vous rencontrer, Groucho, répondit Pope avec un nouveau sourire. Je crois que nous ne nous étions pas vus depuis très longtemps, non ?

– Depuis plus longtemps que ça encore.

– Vous allez prendre l'allée pavée de dalles rouges et traverser le petit bois jusqu'à ce que vous arriviez à une clairière moussue où vous verrez trois maisonnettes rustiques couvertes de toits de chaume.

Puis il se retourna et se dirigea vers son château de conte de fées. Groucho l'entendit murmurer :

– Je crois bien que les sept nains ne sont pas chez eux ce matin.

Groucho s'éloigna et mit quelques minutes à aboutir à la

clairière. Il s'avançait vers la troisième maison lorsque la porte en chêne s'ouvrit en grinçant. Un homme grand et large d'épaules apparut sur le seuil. Il portait un costume bleu marine croisé, son crâne rasé luisait et il tenait à la main droite un pistolet Luger.

— Ne faites pas un pas de plus, je vous prie, monsieur, demanda-t-il en pointant l'arme contre Groucho.

De mon côté, les choses se passèrent assez mal lors de ma visite aux studios Mammouth.

Le problème principal étant qu'on ne me laissa pas entrer.

Alors que j'arrivais au portail, un peu avant onze heures du matin, un gardien en uniforme s'approcha de ma Ford. Ce n'était pas Oscar, le type de la veille.

— Vous avez rendez-vous ?

— Oui, avec M.J. McLeod.

Le gardien, un grand type maigrichon qui avait l'air d'avoir enfilé le costume d'un collègue plus petit et plus gros se fit plus indiscret :

— C'était quel nom ?

— C'était et c'est toujours Frank Denby.

Il fit un signe de tête, retourna vers sa guérite. Il boitait un peu de la jambe gauche. Ma radio débita les premières notes d'une chanson stupide et je l'éteignis. Le gardien revint avec un épais carnet.

— Vous avez bien dit : Frank Denby ?

— Oui. J'ai rendez-vous à onze heures avec M.J. McLeod.

Il éleva son carnet à hauteur d'yeux et parcourut visiblement une liste de noms.

— Ça y est, je le vois.

— Parfait.

— J'ai eu du mal à trouver votre nom parce qu'il est rayé.

— Comment ça rayé ?

— Votre rendez-vous a été annulé, monsieur Denby.

— Comment ça annulé ?

J'avais téléphoné à Mary Jane McLeod chez elle la veille pour fixer la rencontre. Le gardien scruta à nouveau son carnet et pointa son doigt sur la page ouverte.

— Eh bien... Si j'interprète correctement les gribouillis qui sont dans la marge, on dirait que l'ordre vient du chef de la sécurité en personne. Et puis... Ça dit aussi que l'accès aux studios vous est refusé jusqu'à nouvel ordre.

– Est-ce que je peux utiliser votre téléphone?

– Non, je ne pense pas, monsieur.

Il secoua la tête en m'accordant un sourire consolateur.

– Passez-moi l'expression mais on dirait bien que quelqu'un vous a inscrit sur la liste des emmerdeurs. «Accès refusé», ça veut dire interdiction formelle de vous laisser entrer. Je ne vais même pas prendre le risque de demander l'avis de la personne que vous deviez voir.

– Ravenshaw, murmurai-je.

– Pardon?

– Rien. J'ai prononcé un juron en vieil arménien, dis-je avant de faire demi-tour dans la rue.

Le premier téléphone sur lequel je pus mettre la main était situé dans un bar, à un pâté de maisons des studios. L'endroit s'appelait le Hawaiian Hideway et lorsque j'y entrai, l'obscurité et un relent de whisky m'enveloppèrent. Le juke-box jouait un air de Harry Owens et ses Royal Hawaiians. Entendre de la guitare accompagnée de percussions tropicales aussi tôt dans la journée ne me sembla pas particulièrement agréable, surtout après avoir été éconduit comme un malpropre par une compagnie cinématographique supposée désireuse de m'acheter un scénario.

Trois turfistes habillés comme des macs de bas étage buvaient des bières Regal Pale au comptoir et une femme de plus de cinquante ans était assise seule à une table, occupée à sonder son avenir dans un jeu de tarots défraîchi.

Je m'insérai dans la cabine du téléphone et compris à l'odeur qu'un client y avait eu un malaise récemment. Je fermai la porte à moitié, glissai une pièce dans le monnayeur et composai le numéro des studios. La standardiste décrocha:

– Studios Mammouth, qui souhaitez-vous joindre?

– Le service publicité, je vous prie.

Un instant plus tard, une voix qui me fit penser à une actrice déchue prit le relais:

– Publicité, à qui souhaitez-vous parler?

– M.J. McLeod, je vous prie.

71

Il y eut un blanc avant que la voix reprenne, sur un ton trahissant la prudence :

– Qui la demande ?

– Richard Harding Davis, du *Denver Post*.

– Je vous la passe, monsieur Davis.

– Allô ?

– Bonjour, c'est Richard Harding Davis, ma petite dame. J'espère que vous vous souvenez des jours bénis que nous avons passés côte à côte au *Los Angeles Times*. Moi je m'en souviens comme si c'était hier...

– Frank ? murmura-t-elle.

– Hé, Mary Jane, pourquoi mon nom a été rayé de cette putain de liste de...

– Tu ne devines pas ? Juste après sa stupide conférence de presse d'hier, Ravenshaw est allé tout droit voir Lew Numéro Un et lui a dit que ce serait chic de sa part de faire en sorte que Groucho et toi soyez maintenus à l'écart, le temps que ce guignol termine son enquête.

– Dans ce cas, je suis exilé pour l'éternité. Jamais ce demi-crétin ne réussira à...

– J'ai été mise au courant de l'oukase de Lew Numéro Un il y a seulement cinq minutes, Frank, sinon je t'aurais prévenu.

– Tu aurais des problèmes si tu me voyais en dehors des studios ?

Il lui fallut près d'une minute pour y réfléchir.

– D'accord. Il y a un boui-boui mexicain sur Nolan Drive, à six cents mètres au sud d'ici. Personne n'y va jamais parce que la cuisine est atroce. Ce sera parfait pour nous voir. Midi ?

– On met au point quelques mots de passe ?

– Toujours aussi bête apparemment.

Et elle raccrocha.

CHAPITRE 9

Groucho s'adressa à l'homme au Luger :

— Auriez-vous, par le plus pur des hasards, eu l'occasion de voir un film intitulé *Panique à l'Hôtel* ?

— Jamais entendu parler, répondit l'homme au crâne rasé, un peu perplexe.

— Tant mieux, je veux croire que cela réduit mes chances d'être abattu comme un chien. Toutefois, si vraiment je dois être abattu comme un chien, je vous prie de noter que je souhaite l'être en tant que saint-bernard. Comme ça on s'enverra un petit coup de cognac derrière la cravate après et...

— Ah, vous devez être Groucho Marx, coupa l'homme en rengainant son pistolet. Madame Erika vous attend, mais je ne vous avais pas reconnu au premier coup d'œil. Vous ne ressemblez pas à Groucho Marx.

— Merci beaucoup, c'est le meilleur compliment qu'on m'ait jamais fait.

Groucho fit un pas en direction du seuil et une belle femme mince et blonde, dans la quarantaine, apparut au côté de l'homme. Elle avait un air sévère, portait un pantalon à pattes d'éléphant bleu foncé et un pull en cachemire noir.

— Je suis sincèrement désolée de cet accueil, Groucho, Gunther est parfois un peu trop zélé. Mais dans la mesure où mon mari a été sauvagement assassiné, vous comprendrez qu'il soit aussi prudent et aussi protecteur envers moi.

— Vous pensez que celui ou ceux qui ont tué Felix souhaitent également s'en prendre à vous ?

— Ils l'ont déjà menacée, intervint Gunther.

— Ah oui ?

Erika sourit tristement en se retournant vers le hall d'entrée.

— Entrez Groucho, nous allons discuter. Mais j'ai peur de n'avoir que peu de temps à vous offrir. Vous comprendrez que la mort de Felix m'a beaucoup affligée.

Gunther fit un pas de côté et invita d'un mouvement de menton Groucho à s'avancer. Le hall était lugubre, les rideaux y étaient baissés et la seule lumière tamisée provenait d'une lampe posée à même le sol. Le mobilier était victorien et massif. Les murs étaient décorés de grands tableaux encadrés d'or représentant Alma Avon, saisie sur huile dans les scènes les plus célèbres de ses films. L'âge d'or du muet : *Tomboy, Petite Nell, La Fille de sa grand-mère.* Il y avait plusieurs grands vases garnis de fleurs sèches et cassantes.

Groucho marcha vers la cheminée et étendit ses mains vers le foyer éteint.

— Ça fait du bien d'être à la maison.

— Je reconnais que c'est un peu sombre, mais c'est en accord avec mon humeur, précisa Erika en s'asseyant sur une chaise Morris de couleur violette.

Groucho prit place dans un fauteuil dont les pieds représentaient des pattes de lion.

— Depuis combien de temps êtes-vous ici ?

— Un café, madame Erika ? demanda Gunther qui était resté sur le seuil.

Elle lui sourit.

— Volontiers Gunther.

Puis elle se tourna vers Groucho.

— Gunther et moi vivons ici depuis près de trois mois.

— Oh, j'avais cru comprendre en discutant avec Guy Pope il y a quelques minutes que vous étiez arrivée ici il y a très peu de temps.

Elle posa ses doigts sur ses tempes.

— J'ai parfois le sentiment que Guy, Dieu le bénisse, a un peu trop fait de cascades du temps de sa gloire, et que son cerveau s'en est ressenti. Il semble avoir de moins en moins de mémoire.

— Et qui vous a donc invitée dans cette charmante maison ?

— En fait, j'en suis locataire. Mais c'est Guy et Alma qui m'ont suggéré cette solution. Felix et moi les avons rencontrés ici peu après notre départ d'Allemagne. Guy admirait Felix pour *La Chevauchée des Walkyries*, le film qu'il avait réalisé en 1929 à Berlin. »

— Vous et Felix vous étiez séparés à cause...

— Nous avions juste décidé qu'il serait préférable de vivre séparément pour quelque temps, mais nous restions amoureux l'un de l'autre. Vous savez certainement que, même dans le plus réussi des mariages, il y a des petites périodes où chacun souhaite prendre un peu de recul.

— Mes femmes ont plutôt eu tendance à souhaiter des périodes de séparation très prolongées, suivies de versements de pensions alimentaires, dit Groucho en faisant apparaître un nouveau cigare.

— J'apprécierais que vous ne fumiez pas, Groucho.

— Excusez-moi, répondit-il en rengainant son barreau. Qui est donc Gunther, exactement ?

— Un ami très loyal. Il était le valet de chambre de Felix à Berlin et nous a suivis aux États-Unis. Lorsque j'ai emménagé ici à Merlinwood, Felix a insisté pour qu'il m'accompagne et me protège. Vous avez pu constater qu'il m'est entièrement dévoué.

— Gunther a évoqué des menaces contre vous.

Erika se leva et alla vers la tablette de la cheminée où elle se saisit de deux feuilles de papier.

— J'ai ici deux photoreprographies de lettres anonymes dont j'ai donné les originaux au sergent... Norman, je crois ?

— Norment, précisa Groucho en acceptant les feuilles qu'Erika lui tendait.

— J'en ai d'autres exemplaires, vous pouvez conserver celles-ci.

Les deux lettres étaient manuscrites, rédigées en capitales bâtons. La première disait : « FELIX DENKER : ILS T'ONT RATÉ EN ALLEMAGNE MAIS NOUS ON T'AURA. » Sur la seconde, on pouvait lire : « ERIKA KLEIN, TU NE VAUX PAS MIEUX QUE TON MARI JUIF, TU NE VIVRAS PAS LONGTEMPS. »

— Quand ont-elles été envoyées ?

— Felix m'a montré sa lettre il y a une semaine. Il n'avait pas l'air effrayé. Je l'ai persuadé de me la donner mais j'ai malheureusement hésité à la montrer à la police.

– Vous avez reçu la seconde après la mort de Felix ?

– Oui, mais je ne l'ai pas su tout de suite. Elle était dans la boîte aux lettres ici lorsque je suis revenue des studios Mammouth lundi soir. J'ai quitté les studios vers dix-huit heures trente. Si j'étais restée un peu plus longuement, j'aurais peut-être pu...

– ... vous faire descendre aussi. Et les enveloppes ?

– Elles n'ont pas été postées et il n'y a donc pas de cachet. Le sergent Norment m'a dit qu'elles ne laissaient apparaître aucune empreinte hormis celles de Felix et les miennes.

– Aucune idée de l'envoyeur ? demanda Groucho en pliant les feuilles avant de les glisser dans une des poches de son manteau sport.

– Si. Je pense que c'est Franz Henkel, l'électricien que Felix a renvoyé des studios, dit-elle en s'asseyant à nouveau. Il avait déjà formulé des menaces en utilisant des mots similaires.

– Comment ça ? Face à face ?

– Au téléphone, à deux reprises. Felix m'avait dit qu'un homme qui avait exactement la même voix que ce fasciste lui avait tenu d'horribles propos antisémites et l'avait averti qu'il ne vivrait plus très longtemps.

Gunther revint dans la pièce, portant un plateau de bois noir sur lequel étaient disposés deux tasses de porcelaine fine, un bol de sucre en morceaux et un carafon de café.

– Autre chose, madame Klein ?

– Pas pour l'instant, Gunther, merci.

Groucho plongea deux morceaux de sucre dans son café.

– Supposez qu'Henkel soit innocent. Qui d'autre aurait pu en vouloir à votre mari ?

– Il y a, vous le savez, ici en Californie du Sud, plusieurs groupes qui soutiennent Hitler, dit-elle en saisissant sa tasse. L'Association pour l'amitié germano-américaine est capable de tout.

– Jusqu'à présent, ils n'ont assassiné personne.

– Ou plutôt, jusqu'à présent, ils n'ont pas été pris sur le fait. Je suis certaine qu'il y a ici des agents nazis, des espions, des saboteurs. Felix était très virulent dans ses attaques contre le troisième Reich.

Groucho but un peu de café, reposa sa tasse et se leva.

76

– Je vais devoir vous quitter. Je vous remercie de m'avoir accordé cet entretien.

Erika se leva aussi.

– J'ai lu dans la presse que vous et votre ami scénariste aviez aidé à résoudre des enquêtes criminelles. J'espère que vous réussirez à trouver le meurtrier de mon mari, que ce soit Henkel ou un autre. Franchement, Groucho, je place peu d'espoir dans la police. Mais c'est peut-être parce que nous avons de mauvais souvenirs de la police allemande.

Tandis qu'elle le raccompagnait à la porte, Groucho ajouta :

– Je tâcherai de vous tenir au courant de mes recherches.

– Vous serez présent vendredi aux funérailles, je pense ?

– Très probablement.

– Dans ce cas, nous nous y reverrons, ou peut-être avant.

Groucho ne vit plus Guy Pope en retournant à sa Cadillac. Avant de démarrer, il alluma un cigare. « Quelquefois, à Hollywood, se dit-il à lui-même, il est très difficile de distinguer la réalité du jeu d'acteur. Je me demande si Erika ne se fout pas comme d'une guigne du meurtrier de Felix. »

Il expira une bouffée, mit en marche le moteur et quitta Merlinwood.

CHAPITRE 10

Il n'est guère besoin de consulter un guide gastronomique pour deviner qu'un restaurant mexicain dont le propriétaire et cuisinier est un ancien acteur suédois ne va probablement pas vous proposer une cuisine authentique. La combinaison d'odeurs de brûlé et de saindoux rance qui donnait au Señorita Rio Mexican Café sa fragrance caractéristique m'avait fourni une autre raison pour ignorer le menu ronéotypé et pour commander uniquement une bière Dos Equis en attendant que Mary Jane s'éclipse des studios Mammouth et me rejoigne.

Olaf Hamsun, qui avait joué son dernier rôle au cinéma en 1931, était assis seul à une petite table proche de la porte de son établissement et lisait un exemplaire vieux de deux jours du *Film Daily* en mangeant d'un air découragé des petits toasts apéritifs baignant dans un bol de lait chaud.

Il n'y avait personne d'autre et je commençais à me dire que si je restais dix minutes de plus, j'allais probablement commander un plat pour lui faire plaisir. J'en étais à bâtir des spéculations sur ce qui, des *Enchiladas à la Olaf* ou des *Fajitas suédois*, allait se révéler le moins pénible lorsque M.J. McLeod apparut.

Elle entra en marchant de côté et en regardant derrière elle, comme ces espions qui, dans les films, entrent dans une ruelle sombre où ils ont un rendez-vous secret.

— Bonjour Olaf, comment vas-tu ?

— L'entreprise est en pleine expansion, Mary Jane, déjà deux clients et il est à peine midi.

Il la regardait les yeux pleins d'espoir.

— Que dirais-tu d'un bon bol de *Chili de Stockholm* ?

— Juste une tasse de café, s'il te plaît.

Elle s'assit en face de moi.

— Je lui laisserai un bon pourboire. Je culpabilise à chaque fois que je viens ici sans manger.

— Pourquoi viens-tu alors ?

— Parce que c'est l'endroit idéal pour un rendez-vous clandestin.

Mary Jane avait presque mon âge, elle était grande et brune. Elle me parlait à voix très basse, sur le ton de la confidence, ce qui m'obligeait à me pencher par-dessus la table pour comprendre ce qu'elle disait.

— Je ne me doutais pas que Miles Ravenshaw avait autant d'influence sur les studios, dis-je.

— Il peut faire ce qu'il veut, Randy Grothkopf le soutient.

— Ton patron, le directeur du département publicité ?

Elle eut une mimique désespérée.

— Oui, lui. À cause du meurtre, *La Vallée de la peur* est cité sur toutes les radios et dans tous les journaux. Ravenshaw a convaincu Randy que ses prétentions à découvrir qui a liquidé Denker aideront le film à avoir encore plus d'audience. Ses plans tomberont à l'eau si toi et Groucho réussissez à pincer le meurtrier. Donc, vous êtes *persona non grata*. Olaf, c'est quoi ce truc qui flotte dans mon café ?

Le propriétaire venait de déposer devant elle une tasse. Il se pencha et loucha sur le liquide noir.

— Je crois que c'est un haricot sauteur mexicain.

— Dans ce cas, nous supposerons qu'il a sauté dans la tasse, dit-elle.

Olaf prit la petite cuillère et tenta de porter secours au haricot flottant.

— Pourquoi n'allez-vous pas servir un autre café ? demandai-je.

— Parce que je serais obligé de vous le faire payer en plus.

— Pas de problème, ajoutez-le à ma note.

L'acteur au chômage se releva et emporta la tasse. Mary Jane le regarda traîner les pieds en direction de sa cuisine sombre.

— Olaf était très drôle à l'écran. Mais c'était hélas il y a quelques années.

– Il y a vraiment des gens aux studios pour croire que Ravenshaw arrivera à la solution avant la police ou Groucho et moi ?

– Randy a convaincu Lew Numéro Un qu'un ancien inspecteur de Scotland Yard est nécessairement plus futé qu'un flic du coin. Et Goldstein était déjà persuadé que Ravenshaw est plus intelligent que Groucho et toi réunis.

J'avalai une gorgée de bière tiède.

– Est-ce que ce cabotin a effectivement fait quelque chose, jusqu'à présent ?

– Il a examiné avec la grosse loupe de Sherlock Holmes la scène du crime sur le plateau 221 B, accompagné par les photographes du *L. A. Times*, de *Photoplay* et de *Motion Picture*.

Elle plongea son regard dans ce que Hamsun venait de lui apporter, se saisit de la petite cuillère et sonda la tasse.

– Olaf, il y a aussi quelque chose au fond de celle-ci.

– Sûrement un autre haricot sauteur, Mary Jane. Mais celui-ci doit venir directement de la cafetière.

Elle abandonna sa cuillère et pointa de l'index ma bouteille de bière.

– Oublions le café, sers-moi la même chose.

– Ton ami a commandé la dernière que j'avais en stock, répondit Olaf d'un ton désolé et en regardant le bout de ses chaussures. Mais il me reste deux Lucky Lager et une Regal Pale.

Mary Jane prit l'expression d'un petit enfant abandonné au milieu d'une forêt par sa marâtre.

– Lucky Lager.

Je posai un coude sur la table :

– Et le sergent Norment et son équipe ? Qu'est-ce qu'ils pensent de tout ça ?

– Jack Norment ne me fait pas de confidences, Frank. Mais la rumeur dit qu'il cherche surtout du côté de Henkel, l'électricien que Denker avait fait renvoyer. Il paraît que ce type a eu déjà quelques sérieuses bagarres à son actif durant les trois mois où il était employé de la Mammouth, ce qui prouve qu'il a un tempérament violent. Il a aussi essayé de distribuer des tracts antisémites et, ce qui est plus important aux yeux de Norment, il paraît qu'il a menacé de se venger de Felix Denker.

– Se venger comment ? En s'introduisant dans les studios puis sur le plateau sans se faire remarquer et en descendant ce pauvre type ?

– Il n'a pas distribué de copies de son agenda, Frank. On m'a rapporté ses propos. Il aurait dit quelque chose comme : « Je vais régler son compte à ce sale Juif pour ce qu'il m'a fait. »

– Et il a claqué des talons en ajoutant « Heil Hitler ! ».

– Dans la vie de tous les jours les meurtriers ne ressemblent pas aux meurtriers du cinéma. La plupart du temps, un imbécile dit : « Un de ces quatre matins, je vais tuer ce fumier. » Et un jour il finit par le faire. Je suppose que c'est comme ça que la police attrape la plupart des assassins.

– Peut-être. Mais Henkel me fait un peu trop l'impression d'être le suspect idéal.

– Tu penses en scénariste.

– Que dit Henkel pour sa défense ?

Elle prit le temps de palper la bouteille de bière que venait de déposer Olaf.

– Elle est beaucoup trop tiède.

– Je peux t'apporter un verre rempli de glaçons, si tu veux.

– Non, ça ira très bien comme ça, dit-elle en secouant énergiquement la tête. Franz Henkel a apparemment disparu, Frank. Il vivait dans un immeuble de rapport du côté de Manhattan Beach mais personne ne l'a plus revu depuis le meurtre. Admets que c'est assez suspect.

– Oui, on devrait lever une milice pour le lyncher.

Elle haussa les épaules.

– Je crois que Ravenshaw serait assez d'accord avec toi.

Elle tapota la bouteille du bout du doigt quelques secondes puis la repoussa et but un peu de café. Je la questionnai à nouveau :

– Un silence de plomb entoure Clair Rickson. Que sais-tu d'elle ?

Mary Jane détourna son regard pour poser les yeux sur un poster de corrida fixé par du ruban adhésif sur le crépi d'un mur orange.

– J'espérais qu'on éviterait de parler d'elle, Frank.

– Éviter ? Elle est impliquée dans le meurtre ?

Mary Jane soupira et me regarda à nouveau.

— Non, Clair est... enfin Clair sera toujours Clair. Elle a apparemment eu une violente querelle avec un de ses petits amis du département de la scénarisation lundi soir. Ce qui l'a poussée à se lancer dans une de ses bringues alcooliques solitaires. Et puis dans le milieu de la nuit, elle a commencé à errer du côté des plateaux et, peut-être parce qu'elle en a écrit le scénario, elle est entrée sur celui de *La Vallée de la peur*. Elle avait apporté une bouteille avec elle et elle s'est assise dans un décor de pub pour la finir. Elle s'est écroulée et ne s'est pas réveillée avant que les flics ne la découvrent le matin.

— Bon sang, c'est tellement peu crédible que ça n'aurait même pas pris dans un mauvais polar.

— C'est pourtant vrai, Frank. Clair est arrivée sur le plateau longtemps après la mort de Denker. Elle n'a rien vu ni rien entendu. Tout le monde est d'accord pour minimiser son implication dans l'histoire et, pour l'aider à se remettre de son malheur, à éviter que cet aspect embarrassant de l'affaire soit divulgué.

— Ouais, ce que je préfère chez les gens du cinéma, c'est leur altruisme.

— Ne te moque pas de moi, sale type, je suis franche avec toi.

— Où est Clair?

— Elle se désintoxique dans une clinique privée.

— Laquelle?

— Randy le sait peut-être, pas moi, dit-elle en haussant les sourcils. Je te le jure.

Je changeai de sujet.

— Tu connaissais Denker et...

— Très peu.

— ... En tout cas mieux que moi qui ne l'ai jamais rencontré. Si ce n'est pas cet électricien fantôme qui l'a tué, qui aurait pu selon toi...

— Dans la mesure où je ne participe pas à votre petit concours de détectives, Frank, je t'avoue que je n'y ai pas beaucoup réfléchi.

Je repoussai moi aussi ma bouteille de côté.

— OK, et Marsha Tederow, tu la connaissais?

Elle hocha tristement la tête.

— Nous n'étions pas très proches mais j'avais déjeuné avec

elle plusieurs fois et je l'aimais bien. Après avoir commencé à fréquenter Denker, elle s'est plaint plusieurs fois de lui auprès de moi. Je lui ai conseillé de laisser tomber un fils de pute qui la traitait aussi mal mais elle ne m'a pas écoutée.

– Comment la traitait-il ? Il était violent ?

– Il pouvait l'être à l'occasion et je sais qu'il l'a plusieurs fois frappée, répondit-elle en grimaçant après une gorgée de café. Je ne sais vraiment pas pourquoi elle continuait à le voir dans leur petit nid d'amour. Il y avait des week-ends où...

– Houla, stop, Mary Jane. Quel petit nid d'amour ?

– Marsha vivait dans un petit appartement à Beverly Glen qu'elle partageait avec une amie. Denker allait la retrouver parfois mais uniquement lorsque sa colocataire était absente.

Mary Jane goûta à nouveau son café puis l'envoya rejoindre sa bouteille de bière sur le coin de la table avant de reprendre.

– Même depuis que Denker ne vivait plus avec sa femme, il n'autorisait pas Marsha à venir le rejoindre dans sa grande maison. Probablement pour qu'Erika Klein ne puisse connaître sa liaison. À la fin, il a loué une petite maison donnant sur la plage de Malibu. C'est là qu'ils se retrouvaient la plupart du temps.

– La police connaît cette garçonnière ?

– Je ne sais pas.

– Tu sais exactement où elle se trouve ?

– Je n'ai pas l'adresse précise mais un week-end où je devais garder le contact avec Marsha pour le travail, elle m'a donné le numéro de téléphone.

Elle se baissa vers le plancher crasseux où elle avait déposé son grand sac en paille tressée, l'attrapa et y plongea une main avant d'en ressortir un très épais carnet d'adresses qu'elle se mit à feuilleter.

– Je suis presque sûre que je l'ai noté là-dedans. Là il y a le numéro d'un acteur de films de cow-boys qui devait quitter sa femme pour m'épouser mais qui ne l'a jamais fait. Là il y a le numéro d'un cascadeur qui devait me quitter pour retrouver sa femme mais qui n'y a jamais réussi non plus. Bien, voilà le numéro de Marsha Tederow.

Elle gribouilla le numéro de téléphone sur une serviette en papier et me le tendit.

84

– Je peux peut-être utiliser un annuaire inversé pour localiser la maison, dis-je en pliant la serviette pour la mettre dans la poche de poitrine de ma veste. Et que sais-tu d'Erika Klein ?

Mary Jane tendit son pouce vers la table en agrémentant son geste d'un bruit de bouche rappelant un pneumatique en train de se dégonfler.

– Une femme très froide et très fourbe. Mais il paraît que c'est une excellente historienne. À la Mammouth, ils l'apprécient tous pour ça.

– D'après ce que je sais de ses relations avec son mari, elle n'était pas très jalouse de ses incartades amoureuses.

– Ils n'étaient pas vraiment une version allemande de Roméo et Juliette. Je pense qu'il cherchait à garder ses interludes romantiques discrets parce qu'il avait peur que sa femme lâche des avocats à ses trousses pour une procédure de divorce. Mais, non, elle ne l'aurait certainement pas buté parce qu'il s'envoyait en l'air avec cette pauvre Marsha.

– Un petit dessert, demanda Olaf en s'approchant de notre table ?

– Non.

Mary Jane et moi avions répondu en même temps.

CHAPITRE 11

Juste derrière les palmiers et les divinités de pierre de la cour du Théâtre égyptien, sur Hollywood Boulevard, Groucho rencontra, comme il me le raconta plus tard, un père Noël grand et maigre qui se tenait près d'une marmite de cuivre et faisait sonner sans grand enthousiasme une petite clochette de laiton. Le papa Noël psalmodiait :

– Donnez pour les œuvres de charité du Community Fund, aidez les pauvres à passer un bon Noël.

Groucho ralentit sa marche à hauteur du chaudron dans lequel il plongea son regard et s'arrêta. Il y avait à peu près vingt-cinq dollars de petite monnaie, plus quelques billets froissés d'un dollar. Il tendit sa main vers le chaudron comme pour y prendre ce qu'il contenait.

– Je suis plus pauvre que la plupart des gens. À combien ai-je droit, mon brave ?

L'homme grogna et secoua la tête.

– Non non, c'est à vous de donner quelque chose.

– Quoi, c'est à moi de donner et vous appelez ça de la charité ? Vous avez pourtant l'air bien mieux nourri que moi, et ce n'est pas peu dire.

– Vous faites exprès de ne pas comprendre et je...

Le père Noël de trottoir se tut brusquement et se mit à rire.

– Oh, c'est vous monsieur Marx. Je n'avais pas tout de suite compris que c'était une blague.

– Problème de retard. Beaucoup trop de gens souffrent de cette affection. De nombreux spectateurs de *Panique à l'Hôtel* ont affirmé d'une seule voix avoir traversé une telle expérience. Un célèbre critique cinématographique new-yorkais a accordé à ce film le titre de plus grande tragédie qu'il ait jamais vue et trois militaires du Wisconsin m'ont élu meilleur acteur depuis Jean Hersholt.

— Je ne pense pas que vous me connaissiez, monsieur Marx mais...

— Comment? Vous n'êtes pas le père Noël?

L'homme sourit sous sa barbe.

— Je suis Leonard Hershberger, j'ai joué de petits rôles dans *Une nuit à l'Opéra* et *Un jour aux Courses*.

— Ça alors, quelle coïncidence, j'ai moi aussi eu de petits rôles dans ces films. Il y avait aussi deux musiciens itinérants prétendant être de ma famille qui m'ont volé la vedette tout le long de ces deux épopées réalisées par la MGM.

— Vous savez, je vous ai trouvé très drôle dans ces deux films, et aussi dans *Panique à l'Hôtel*.

Groucho plaqua son doigt sur ses lèvres en signe de danger.

— Ne dites pas de telles choses aussi fort dans la rue. Ils sont capables de vous jeter un filet dessus et de vous traîner pour vous faire disparaître. Je n'ai pas vérifié les amendements récemment votés mais je crois bien que votre remarque viole les lois de Californie contre la sédition.

Il localisa dans une des poches de son manteau une pièce de petite monnaie et la fit tinter dans la marmite.

— Gardez la monnaie et bonne chance, Leonard.

— Merci, je reste optimiste, assura l'acteur au chômage. Les choses iront sûrement mieux pour moi après le Premier de l'An.

— Si le météore géant qui doit normalement aplatir Los Angeles au début du mois prochain dévie de sa trajectoire au dernier moment, alors oui, la vie sera un rêve.

Il ajouta dans le chaudron un mouton fait de tabac et de poussière qui traînait dans le fond de sa poche et reprit sa marche.

Lorsqu'il atteignit l'avenue Los Palmas, il traversa et se dirigea vers l'entrée du restaurant Chez Musso et Frank. Alors qu'il passait l'arche de la porte d'entrée, il entendit une touriste dire à son compagnon:

— C'est Groucho Marx.

Il stoppa, pivota sur lui-même et pointa un index vers le couple.

— Je vous prierais de faire un peu attention à vos propos, ma bonne dame. Dans cette ville, accuser quelqu'un d'être Groucho Marx équivaut à le calomnier. Gardez bien ce que je vous dis en tête. Et gardez bien en tête aussi vos tables de multiplication, ça pourra vous servir quand on vous sollicitera pour aider l'espèce à croître et à multiplier.

Il fit une révérence et entra à reculons dans le restaurant.

— Ouppff, fit le garçon de salle qu'il heurta.

— Bonjour Orlando, dit Groucho après s'être retourné vers le gros homme en smoking. Suis-je arrivé trop tard pour le déjeuner gratuit ?

— Une table pour une seule personne, monsieur Marx ?

— Hélas, j'ai bien peur que oui. Toute ma famille et mes amis m'ont abandonné. Et même, il n'y a pas cinq minutes de cela, trois personnes qui m'étaient totalement étrangères m'ont abandonné elles aussi.

Le garçon se pencha poliment et invita Groucho à le suivre. Ils traversèrent la grande salle au plafond recouvert de poutres où Groucho repéra, à une même table, Rosalind Russel, Merle Oberon et Joan Crawford qui déjeunaient ensemble. Alors qu'il passait près d'elles il leur adressa son bonjour :

— Doucement sur les graisses, mesdames.

Rosalind Russel et Merle Oberon sourirent, Joan Crawford tendit un majeur menaçant. Groucho crut bon d'expliquer au garçon :

— Elle ne m'a jamais pardonné ce qui s'est passé dans cette cabine téléphonique de Tijuana.

Deux minutes plus tard, il prenait place à une table et se mettait à étudier le menu, jusqu'à ce que quelqu'un apparaisse près de lui.

— Grand Dieu, quel grand honneur nous est fait là : le grand détective en personne.

Groucho leva les yeux et vit Miles Ravenshaw qui lui souriait.

Le père Noël que je rencontrai était petit, joufflu et aurait très bien pu être une femme sous son manteau rouge et sa barbe blanche moutonneuse. Il était assis sur une chaise de toile pliante installée sur la pelouse municipale, au bord de

Sunset Drive. Une pancarte était appuyée sur le côté de sa chaise. On pouvait y lire une inscription manuscrite : *CARTES DES MAISONS ASTROLOGIQUES – SEULEMENT 25 CENTS!* Une petite pluie fine avait commencé à tomber depuis dix minutes et papa Noël agitait une main pleine de cartes sous son large parapluie à pois.

Alors que je m'arrêtais au feu rouge à sa hauteur, il m'interpella.

– Hé connard! C'est Noël, achète-moi une foutue carte!

– Plaisantin, répliquai-je sans prendre la peine de baisser la vitre de ma portière.

Je pris à droite sur Coast Highway.

Avec l'aide de l'annuaire inversé que je gardais précieusement dans un tiroir de mon bureau, j'avais pu faire le rapprochement entre le numéro que M.J. McLeod m'avait donné et une maison de San Amaro, une petite station balnéaire située à quelques kilomètres au nord de Malibu.

Un nombre assez important de mouettes visiblement ennuyées par la pluie tenait congrès, en plusieurs amas bien serrés, sur une plage grise. Certaines voletaient deux par deux sur quelques mètres en échangeant des coups de bec colériques. Je croisai un camion qui transportait sur son plateau des sapins fraîchement coupés. Le conducteur et le passager portaient des bonnets de père Noël. «Hollywood, murmurai-je, ta magie nous envoûtera toujours.»

La pluie se fit plus lourde et l'océan gris me sembla plus agité. Au moment où je trouvais Paloma Lane dans San Amaro, l'horloge de mon tableau de bord m'informa qu'il était deux heures dix, alors que ma montre-bracelet soutenait qu'il n'était que deux heures cinq. Paloma Lane était une petite ruelle bien entretenue qui ne comptait que six maisons accolées deux par deux. Le numéro 232 était entouré d'une haute barrière faite en bois de séquoia qui délimitait un petit terrain d'un demi-hectare. Malgré la barrière, le petit nid d'amour de Denker ne me semblait pas très difficile à visiter.

Je me garai à une centaine de mètres de ma cible et restai dans la voiture quelques minutes. Je ne distinguais de lumière dans aucune des maisons et il ne semblait pas y avoir beaucoup d'activité ni de passage dans les environs. Mon regard se tourna vers l'océan et je me mis à penser à Jane, me disant que j'espérais nous voir vivre longtemps. Je comptais aussi pouvoir vendre un scénario avant que notre enfant le plus jeune entre au collège.

Puis je sortis de ma Ford et marchai précautionneusement vers la barrière. Le portail n'était même pas fermé et je le poussai en prenant l'expression de quelqu'un ayant les plus légitimes raisons du monde d'entrer dans le jardin.

Une allée de dalles rouges séparait deux étendues de pelouse sèche et jaunie ; sur chacune trônait un banc de pierre. La maison était de plain-pied et semblait avoir six ou sept pièces. Les murs étaient en stuc couleur pêche et le toit en tuiles rouges, le tout étant censé rappeler le style d'une villa espagnole. Un modèle européen de bicyclette, certainement payé très cher, était cadenassé à la véranda de fer forgé.

La porte était fermée. Celle de derrière aussi. Je triturai la serrure avec ma pince-monseigneur, un souvenir de mes années de journalisme. La porte de derrière céda et j'entrai dans la cuisine.

Un dépôt verdâtre foncé garnissait l'intérieur de la glacière, ce qui me permit d'estimer qu'elle était débranchée depuis plusieurs jours. Une odeur de tabac brun régnait dans le hall et les pièces attenantes. Sur la tablette de la cheminée du salon on avait disposé deux photos encadrées, une boule de verre contenant de la neige factice et une représentation d'un monument viennois. Les stores vénitiens étaient tirés et les rideaux baissés. J'emportai les photos près d'une lampe que j'allumai.

L'une d'elles montrait feu Felix Denker, monocle à l'œil, entourant de ses bras une très jolie fille d'environ vingt-cinq ans aux cheveux bruns. Une photo avait été prise à l'arrière de la maison et l'autre sur une plage ensoleillée. Impossible de savoir si une tierce personne avait réalisé les clichés ou si Denker avait utilisé un mécanisme de prise à retardement.

Je supposai que la jeune femme était Marsha Tederow et fit glisser la photo hors de son cadre puis dans la poche poitrine de ma veste avant de reposer les cadres sur la cheminée.

La pluie battait fortement contre les vitres tandis que je visitais le salon avec plus d'attention. Un paquet de cigarettes confectionnées spécialement par « Van Gelder » était resté sur le plateau de verre d'un guéridon, près d'un éparpillement de journaux financiers datés d'une semaine et plus. Rien dans la cheminée. Pas de papiers froissés dans la corbeille noire.

Dans un des placards de la chambre, je trouvai cinq robes, trois pulls et deux pantalons féminins. Marsha Tederow avait aussi rangé quelques pièces de lingerie, la plupart blanches et agrémentées de fanfreluches, dans un tiroir d'une commode en chêne sculpté. L'autre tiroir, celui de Denker, contenait des sous-vêtements, un foulard de cou et une boîte de préservatifs. Ses seuls vêtements dans le placard étaient une robe de chambre en soie rouge et or et ce qui me sembla être un pyjama rayé d'un modèle ancien.

Sur le chevet proche du côté du lit que j'attribuai d'office au réalisateur décédé, il y avait une tasse à café vide, un exemplaire d'un script intitulé *Mort dans la Rue sombre*, et un monocle attaché à un lacet de cuir.

Dans un autre placard, je trouvai une toile de peintre tendue et une boîte en pin contenant des couleurs à l'eau qui avaient dû coûter cher et qui avaient été à peine utilisées. Marsha Tederow avait été directrice artistique à la Mammouth, je supposai donc que c'était elle qui peignait.

Appuyé contre une des cloisons du placard, je vis un porte-documents de couleur noire. Je m'en saisis et l'ouvris sur le lit défait. Il contenait des fusains représentant Denker dans des attitudes pensives. Tous étaient signé « M.T. » J'y trouvai aussi trois livres dont deux étaient des éditions de poche. Je les sortis du porte-documents et les posai sur la coiffeuse dont j'allumai la lampe.

Ils étaient en allemand. J'avais étudié l'espagnol à l'université et le français au collège mais il n'était pas nécessaire d'être linguiste pour lire les titres et comprendre de quoi ils traitaient. Le plus gros était à peu de choses près intitulé *La Supériorité de la race aryenne*. Les deux livres de poche avaient approximativement pour titres *Pourquoi les Juifs sont inférieurs* et *Comment débarrasser la patrie du fléau juif*. Les trois ouvrages étaient dus au Docteur Helga Krieger. Une photo de l'auteur figurait en couverture du premier livre. Le Docteur Krieger, dont on apprenait qu'elle avait intégré le corps professoral de l'université de

Munich en 1930, date de publication des trois livres, était une grosse femme aux cheveux foncés, de près de quarante ans, qui portait un pince-nez et affichait un air satisfait. Je commençai à me demander à haute voix : « Que viennent foutre des idioties aussi exécrables dans les affaires de Marsha Tederow ? »

En fait, j'en étais à prononcer le mot « exécrables » quand j'eus une surprise.

Ladite surprise était un coup sec à la base du crâne.

À partir de là, je perdis connaissance.

CHAPITRE 12

– ... Un véritable dilemme pour moi, en fait, si j'y pense, pas forcément, il faudra que j'y réfléchisse, mais je m'égare, et j'avoue à ce sujet que je n'ai jamais pu me défaire de ce goût que j'ai pour les digressions ou du moins pour les questionnements erratiques, en tout cas voici bien Frank Denby étendu sur le sol et je me sentirais vraiment mal, même si après je m'obligeais à regarder la vie du bon côté, si jamais il arrivait malheur à Frank à cause du fait que je ne réussis pas présentement à déterminer la réaction appropriée, entendis-je dire près de ma tête.

À propos de ma tête, je commençais à remarquer qu'elle me faisait horriblement mal.

Je réalisai aussi que la personne agenouillée près de moi qui me tenait une espèce de discours consolateur m'était connue. Une jeune femme connue.

– ... appeler la police serait à l'évidence une option raisonnable, bien que je n'habite pas du tout ici et qu'elle pourrait se formaliser de mon effraction, si on ne tient pas compte du fait, qui n'est pas, je l'admets, une raison légale, du fait disais-je que j'ai été la colocataire de Marsha pendant presque trois mois à Beverly Glen et que ce simple lien m'autorisait vaguement à entrer illégalement dans cette maison de San Aramo où elle habitait parfois avec ce type odieux qui portait monocle et cheveux gominés, et en plus Frank pourrait aussi être inculpé pour effraction, même si maintenant que Groucho et lui sont redevenus détectives, cela lui vaudrait une certaine indulgence pour...

– Victoria, réussis-je à prononcer d'une voix basse et embrouillée.

95

Je tentai de persuader mon œil gauche de s'entrouvrir. Une lumière jaune me poignarda la rétine. Je grognai, grimaçai et refermai l'œil.

— Tu es conscient, Frank ? demanda Victoria St. John en approchant ses lèvres de mon oreille. En fait je réalise que c'est une question un peu stupide parce que, à l'évidence, si tu es inconscient, ce ne serait qu'une question posée pour la forme et...

— Pourrais-tu... Je pris une longue inspiration puis une autre plus courte... Pourrais-tu rester... s'il te plaît... un peu silencieuse ?

— Bien sûr, je ne suis pas comme ces moulins à paroles qui passent leurs journées à déblatérer, surtout quand on m'a formulé une requête claire comme celle de la fermer.

— Splendide, murmurai-je.

— J'ai appris à inciter les gens à un silence relatif et au calme quand je travaillais bénévolement à la clinique de West Hollywood il y a deux ans, même s'ils m'ont demandé d'aller travailler bénévolement ailleurs parce que je dérangeais les patients les moins stables psychologiquement, mais ce n'était pas à cause de ma loquacité qui est parfois, c'est vrai, excessive. C'était à cause du fait que toute la population mâle de la Californie du Sud semble devenir exagérément fiévreuse en présence d'une jolie blonde. Mais je suppose que je parle encore un peu trop, et s'il y a une chose que j'ai apprise dans cette clinique c'est bien de fermer mon caquet en présence de gens blessés à la tête. Non pas qu'il y en avait beaucoup de gens blessés à la tête, parce que, après tout, c'était West Hollywood, et là-bas il y a surtout des gens qui ont pris un petit coup de trop dans le nez, enfin tu vois ce que je veux dire.

Et elle s'est tue.

Elle s'est tue où alors je me suis évanoui à nouveau.

— Qu'est-ce que tu fais là ? réussis-je à demander au bout de, je crois, deux ou trois minutes.

— On dirait bien une coïncidence énorme mais, selon ma façon de penser, il n'existe pas de coïncidence pure, seulement des événements juxtaposés soumis au hasard qui...

— Victoria, je suppose que ce n'est pas toi qui m'as cogné sur la caboche, coupai-je d'une voix grinçante.

— Certainement pas, Frank, dit-elle en me caressant délicatement entre les omoplates. Je suis venue fouiner ici et tu étais là, étalé sur le sol.

— Tu n'as vu personne ?

— Pas âme qui vive. Tu crois que tu es sérieusement blessé ? La bosse que tu as sur la nuque n'as pas l'air trop vilaine mais comme je n'ai pas pu te retourner je n'ai pas vu si tu as d'autres blessures.

Je réussis, avec son aide, à m'asseoir sur le sol. J'attendis de me sentir un peu moins nauséeux pour la questionner à nouveau :

— Alors c'était toi la colocataire de Marsha Tederow ?

Elle approuva de la tête en s'asseyant à côté de moi, jambes repliées sous elle.

— Pendant presque trois mois. J'ai emménagé peu après que ton émission de radio *Groucho Marx, détective privé* a quitté l'antenne, d'ailleurs je suis sûre de te l'avoir déjà dit au printemps dernier mais c'était très gentil de ta part de m'avoir sortie de ce travail avilissant qui consistait à vendre des gâteaux de riz Mullen proposés en cinq délicieux parfums avec un costume ridicule dans les supermarchés d'alimentation, les foires et même pendant les kermesses de scouts, où j'ai d'ailleurs appris que certains de ces scouts sont très mûrs pour leur âge, c'était vraiment un beau geste de m'avoir donné la chance de jouer la secrétaire de Groucho pour le Show Radiophonique Mullen, même si l'émission a été déprogrammée au bout de neuf semaines après mon engagement, ça a donné un très sérieux coup de fouet à ma carrière et ça m'a permis de trouver un agent, enfin Sid Gruber n'est pas exactement le haut du panier chez les agents de Hollywood mais il m'a quand même trouvé un joli rôle chaque semaine dans la série *L'Antre de la Vieille Sorcière* où on me demande de crier très très fort, et puis, ce qui est plus important pour répondre à ta question, je gagne assez d'argent pour me permettre de louer un joli appartement à Beverly Glen sans être obligée de porter une jupe minuscule fendue jusque-là.

— Est-ce que je me trompe ou bien as-tu, au cours de cette saga nordique que tu viens de réciter, tenté d'approcher le comment de ton emménagement avec Marsha Tederow ?

— J'ai répondu à une annonce dans le *Hollywood Reporter*.

Je hochai la tête pour signifier que j'avais compris. Je distinguai plusieurs variétés de douleurs vives qui zigzaguaient dans mon crâne.

— Et qu'est-ce qui t'a poussée à venir ici ?

Victoria, qui portait un pantalon et un pull vert d'eau, prit la pause de quelqu'un cherchant à rassembler ses pensées.

— Je fais de gros efforts pour apprendre à m'exprimer de façon concise, Frank, et j'ai même suivi des cours du soir pour ça à Westwood, le professeur était incroyablement bavard, et c'était d'ailleurs un peu bizarre puisqu'il prétendait avoir été acteur au temps du muet, ce qui aurait logiquement dû lui apprendre les vertus du silence et... Flûte, je m'égare encore. Bon, je recommence. Quand Marsha est morte dans son horrible accident de voiture, j'ai pensé que ce n'était qu'un accident. Mais quand Felix Denker s'est fait descendre, ça m'a semblé un peu fort de café, statistiquement parlant. Il devait forcément y avoir un lien, tu ne crois pas ? Je veux dire que peut-être Marsha a été elle aussi assassinée et qu'on a maquillé ça en accident.

— J'ai pensé la même chose. Aucune idée de qui aurait pu vouloir la tuer ?

— J'ai l'impression depuis quelques semaines que Marsha était peut-être impliquée dans quelque chose de louche.

— Louche comment ?

— Eh bien un soir où elle avait bu quelques verres de vin, elle s'est mise à me raconter qu'elle allait gagner beaucoup d'argent très vite. Elle ne m'a pas donné de détails. Mais j'ai cru comprendre, même si je n'aime pas beaucoup dire ça d'elle qui était presque une amie, que Marsha faisait chanter quelqu'un.

— Tu ne sais pas qui ?

— Elle ne m'a pas fait de confidences là-dessus. Mes soupçons sont venus à cause de choses que j'ai entendues par hasard, des bribes de conversations téléphoniques et des déductions que j'ai faites.

— Tu comptais trouver quoi ici ?

— J'ai pensé que si je trouvais quelque chose qui m'indiquerait la personne que Marsha faisait chanter, ça me donnerait une bonne idée de la personne qui l'a tuée. Enfin je veux dire si elle a été tuée et si ils ont maquillé ça en accident. Si j'avais trouvé un indice, mon intention était de te le donner à toi et à Groucho, ou au pire à la police.

Je posai ma main droite sur le sol et annonçai :

– Je vais essayer de me lever.

Victoria se mit d'un bond sur pied et me soutint pendant que je chancelais.

– Si tu te sens retomber dans les vapes, braille un bon coup.

– Pour quoi faire ?

– Comme ça je saurai que tu es dans les vapes.

Je réussis, avec son aide, à m'asseoir sur le lit. Je remarquai le porte-documents.

– Les livres. Regarde sur la coiffeuse – il n'y a pas de livres ?

Elle alla vers le petit meuble, se pencha et revint en secouant la tête.

– Non. Rien sur le sol non plus. Quel genre de livres ?

– Du genre littérature haineuse. Trois ouvrages du Dr Helga Krieger, en allemand.

Victoria émit un grognement puis passa sa langue entre ses lèvres.

– Je crois que j'ai déjà entendu ce nom quelque part.

– Venant de ta colocataire ?

– Marsha ne m'en a pas parlé directement mais je crois qu'elle a prononcé ce nom une fois quand elle discutait au téléphone dans la cuisine. Mince, je ne suis pas sûre de moi Frank mais, ce Dr Helga Krieger, ce ne serait pas un nazi ou quelque chose comme ça ?

– Tout ce que je sais pour l'instant c'est qu'elle vivait à Munich en 1930 et qu'elle a écrit quelques livres peu recommandables.

– La personne qui t'a cogné les a piqués, donc c'est qu'ils étaient certainement importants.

– Très certainement. Mais pour l'instant je ne sais pas en quoi.

Le front de Victoria se plissa, ce qui signifiait chez elle un gros effort de concentration.

– Je me demande si ce sont ces livres qu'ils cherchaient chez moi, si ils sont bel et bien venus comme je l'ai soupçonné un temps.

— Quelqu'un a fouillé chez toi?

— J'en suis presque certaine, oui. Tu vois Frank, le lendemain soir après la mort de Martha, je suis rentrée de la radio et, tu sais, ça ne me plaisait pas beaucoup de travailler après sa mort mais, le show business c'est le show business, quoi qu'il arrive il faut y aller, surtout à la radio parce qu'il n'y a pas d'absence qui tienne, encore qu'ils auraient peut-être pu je suppose me trouver une doublure, mais en rentrant j'ai eu la nette impression que quelqu'un avait fouillé chez moi. C'était assez indéfinissable, les meubles n'avaient pas été renversés et les affiches n'avaient pas été arrachées des murs mais j'ai eu le sentiment que mes affaires n'étaient pas là où elles auraient dû être.

— Tu en as parlé à la police?

— Beaucoup de gens, surtout les fonctionnaires, ont tendance à me classer dans la catégorie des tête-en-l'air, tu sais, Frank, répondit-elle en secouant la tête. Alors je n'en ai parlé à personne avant toi. Mais il est possible qu'ils cherchaient ces livres.

— Mais tu ne les as jamais vus chez toi? Ni rien d'autre que Marsha aurait pu cacher?

— Rien du tout, Frank. Mais de toute façon je n'avais pas du tout de raison de penser que la pauvre aurait pu vouloir cacher des livres importants ou des documents. C'est seulement après le meurtre de Denker que j'ai vraiment commencé à fouiner, et comme je n'ai rien trouvé chez moi, j'ai décidé de venir ici.

Je plongeai les doigts dans la poche où j'avais glissé la photo de Denker et de la fille. Elle était toujours là.

— Regarde ça et dis-moi si c'est bien ta coloc...

— Regarde, il y a ton portefeuille là-bas, dit-elle en se levant pour aller le ramasser au pied de la coiffeuse.

Je ne m'étais même pas rendu compte qu'il avait disparu. Elle me le rendit et je l'ouvris pour en vérifier le contenu. Il y avait toujours vingt-sept dollars, mes papiers d'identité et les photos que Jane et moi avions prises l'été dernier.

— Eh bien maintenant le fantôme sait qui je suis, combien je pèse et quel est mon numéro de sécurité sociale. Mais peut-être le savait-il déjà avant.

— Où as-tu trouvé cette photo de Marsha et du putois?

demanda Victoria en ramassant le cliché que j'avais déposé sur le lit quand elle m'avait tendu mon portefeuille.

— Dans le salon. C'est elle ?

— Oui, c'est Marsha et Denker. Je sais bien qu'il faut parler en bien d'un mort mais je crois que tous les malheurs de Marsha sont de sa faute à lui.

— Tu peux me rendre un service ?

— Tu veux que je me taise ?

— Non, je voudrais rentrer chez moi à Bayside. Tu es venue en voiture ?

— Oui, je peux te déposer si tu veux. Ce serait beaucoup moins dangereux que de te traîner à pied jusque là-bas pour...

— Je ne veux pas laisser ma Ford et être obligé de revenir la prendre plus tard.

— OK, dit-elle en me tendant la main. Je vais t'installer dans ta voiture et rouler derrière toi.

— Ce serait très chic de ta part, Victoria.

— Si tu as des étourdissements ou si tu sens que tu vas tomber dans les vapes ou si tu as des vertiges ou quelque chose comme ça, tu auras juste à sortir la main par ta fenêtre et à faire des signes, ou si tu es trop faible pour faire des signes, donne un coup de klaxon, ou si tu n'arrives même pas à klaxonner, j'attendrai que tu louvoies vers le bord de la route jusqu'à ce que tu sois arrêté par quelque chose et j'espère que j'arriverai à temps avant que tu ne te fasses trop mal.

— Bien raisonné.

Notre caravane arriva jusqu'à mon foyer sans que je louvoie vers le bord de la route.

CHAPITRE 13

— Tout l'honneur est pour moi, répondit Groucho à l'acteur britannique qui le toisait, rencontrer en personne le Rat Géant de Sumatra doit sûrement m'attirer la jalousie des fans les plus acharnés de Conan Doyle.

— Si, à Dieu ne plaise, le plaisir évident que vous prenez à faire des remarques ineptes était partagé par la haute société, mon cher Groucho, vous mériteriez alors le titre d'homme intelligent.

Sans y être invité, Miles Ravenshaw, svelte et vaguement élégant, s'assit face à Groucho et inspira une bouffée de sa pipe en écume de mer.

— Ils le savent à ·la Mammouth que vous emportez les costumes de Sherlock Holmes chez vous après le travail ?

Avant que Ravenshaw ait eu le temps de répondre, un garçon arriva en trottinant jusqu'à la table :

— Ce gentleman déjeunera avec vous, monsieur Marx ?

— Non et monsieur Ravenshaw non plus, répondit Groucho en faisant claquer le menu sur la table. Mon appétit vient hélas de sérieusement fléchir. Je pense que je me contenterai d'un bouillon de poule avec des nouilles.

— Certainement, monsieur Marx.

Le serveur, un grand type maigre, griffonna la commande, s'inclina et fit demi-tour.

Ravenshaw expira un filet de fumée.

— J'espère que vous comprenez, mon ami, qu'une telle crudité de propos ne...

— Votre majordome repasse votre profil tous les matins pour arriver à vous donner cette apparence ?

– Lorsque j'ai remarqué votre arrivée, je me suis levé pour vous prodiguer un conseil amical.

Groucho leva la main droite comme pour réclamer le silence.

– Et si nous avions une petite discussion d'homme à homme ? Je ne serai pas chien, j'attendrai que vous alliez chercher quelqu'un d'autre pour vous représenter.

– Franchement, Groucho, votre...

– Voici l'essentiel de ce que j'ai à vous dire pour l'instant, coupa Groucho en posant ses deux coudes sur la table. Je pense que vous vous fichez pas mal de savoir qui a tué Felix Denker et de savoir si justice sera rendue. Vous êtes entré dans la danse uniquement dans le but d'assurer le lancement de *La Vallée de la peur*.

– Je vois. Et je suppose que vos motifs à vous sont nobles et parfaitement désintéressés.

– Effectivement, mon petit Mimile. Je cherche à servir la cause d'une digne minorité qui est celle des anciens artistes de music-hall au chômage.

– Vous vous fourvoyez complètement sur mon compte, Groucho. En tant qu'ancien inspecteur de Scotland Yard, et de ce fait nanti d'une grande expérience des enquêtes criminelles, je suis convaincu de pouvoir résoudre l'énigme du meurtre de Felix Denker. Et cela, j'en suis sûr, avant la police.

Ravenshaw tendit son pouce et son index, séparés de quelques millimètres.

– Je suis en mesure, mon cher, d'affirmer que je suis à *ça* de la solution.

– Félicitations, tout le monde ne peut se permettre de dire qu'il est éloigné de la solution d'une énigme de la longueur de son petit oiseau.

L'acteur lança une expression dédaigneuse à Groucho.

– Vos remarques soi-disant drôles prennent un ton de moins en moins...

– Une petite photo, messieurs ?

Un jeune type un peu obèse venait d'arriver à leur hauteur avec un appareil photo.

– Je suis de l'agence Associated Press et je me suis dit qu'un petit cliché montrant les deux rivaux en train de palabrer amicalement pourrait...

– Mon Dieu, je crains que non, dit Groucho en jouant la modestie. En tant que disciple du Mahatma Gandhi et de Greta Garbo, je fuis le vedettariat et je prends soin d'éviter toute forme de publicité vulgaire.

– Allez Groucho, vous savez bien que...

– Bon, ou alors juste un tout petit cliché de rien du tout, concéda Groucho, mais alors à une condition. Faites en sorte que la photo ne soit pas trop flatteuse et que je n'apparaisse pas dans toute mon éblouissante beauté au côté de M. Ravenshaw que la nature a moins bien gâté sur ce plan. Et puis assurez-vous que M. Ravenshaw ne ressemblera pas trop à John Barry-more, parce que cela donnera encore lieu à un procès pour plagiat.

– Mon cher Groucho, intervint Ravenshaw, pourquoi ne pas permettre à ce jeune homme de faire son métier ? Après quoi je pourrai de nouveau tenter de vous dissuader de vous lancer dans cette folie puis prendre congé.

– Soit. Volontiers. Pardonnez mes pudeurs de jeune fille, dit-il en ajustant le devant de sa veste. Saisissez bien la lueur de mes yeux.

Le photographe recula de quelques pas avec un large sourire et régla son appareil.

Quelques secondes avant qu'il n'appuie sur la détente, le garçon de salle revint avec le bol de nouilles commandé. C'est à ce moment précis que Groucho décida de se lever pour s'asseoir sur le coin de la table, les deux mains jointes sous son menton dans une pose de chérubin. Dans le mouvement, son coude heurta le bol et en envoya le contenu fumant sur les genoux de Ravenshaw. L'air stupéfait, l'imitateur de Holmes fit un bond sur sa chaise.

Par l'entremise de l'Associated Press, c'est cet instantané qui fit le tour du pays cet après-midi-là.

Avant de retourner à sa Cadillac, Groucho décida de s'arrêter dans un petit débit de tabac pour téléphoner.

Il était à peine à deux mètres de la porte d'entrée qu'une femme un peu grasse, la cinquantaine, se jeta sur son chemin. Tapi dans son sillage, bedonnant, la cinquantaine, un homme couvait de ses mains un appareil photographique.

— Monsieur Marx, accepteriez-vous de poser avec moi ?

Groucho s'arrêta et gratta son menton d'un air pensif.

— Par tous les saints, que voilà une sympathique proposition, dit-il en commençant à dénouer sa cravate. Il n'y a rien que j'aime autant que de poser nu.

Saisie par l'effroi, la femme leva les mains devant elle et recula d'un pas.

— Non, non, c'est juste pour un cliché.

— Nous ne sommes pas obligés de subir une séance de peinture à l'huile, la rassura-t-il. Je me satisferai d'un petit cliché vite fait bien fait. Allez, on y va, commencez à vous dépouiller de vos effets.

— Je crois que je me suis mal expliquée, dit la femme en lançant un regard apeuré à son mari. Tout ce que je souhaitais, c'est une simple photo de vous et de moi, côte à côte. Et habillés.

Le visage de Groucho afficha une profonde déception.

— Bon, d'accord. De toute façon, vous devez certainement avoir les pieds froids.

Elle s'approcha à nouveau de Groucho d'un pas prudent.

— Je vous remercie beaucoup, monsieur Marx, dit-elle. Je suis une grande admiratrice des Marx Brothers.

— Puis-je espérer vous intéresser à une photo de tous les frères Marx nus ?

Dans le débit de tabac, Groucho s'approcha du comptoir derrière lequel se tenait le propriétaire du lieu, un petit homme pâle.

— Je voudrais deux cigares Don José, s'il vous plaît.

— Ils sont chers, ceux-là. Cinquante cents pièce.

— J'ai les moyens. Je viens de gagner à la grande tombola yiddish.

L'homme lui tendit une boîte ouverte.

— On ne s'est pas déjà vus quelque part ?

— C'est très probable. Je suis le dauphin prétendant au trône de France.

— C'est pas vrai, vous êtes Groucho Marx.

— Vous croyez ? Mince, ça veut dire que je me suis fourvoyé à porter ce masque de fer inconfortable pendant des années,

106

dit-il en prélevant deux cigares et en déposant un billet d'un dollar sur le comptoir de verre.

– Je peux vous poser une question, Groucho ?

– À condition que ça ne concerne pas ma vie sexuelle débridée ou les capitales des États de notre pays.

– Comment ça se fait que vous et vos frères vous ayez fait un navet comme *Panique à l'hôtel* ?

– À cause d'un rite religieux nommé pénitence, expliqua Groucho en glissant les cigares dans la poche poitrine de sa veste. On nous avait promis que, si on faisait ce film, un millier d'âmes en proie à la souffrance serait relâché du purgatoire.

Il consulta sa montre.

– Et maintenant, en dépit de la répugnance que m'inspire l'idée de vous quitter, je vais me diriger vers cette cabine téléphonique qui orne votre établissement.

– Faites comme chez vous, Groucho.

Dans la cabine, il passa un premier coup de fil à son frère Zeppo.

– Bonjour, cher frère, c'est ton parent préféré... Comment ça n'est pas la voix de Chico ? C'est moi, l'incomparable Julius, celui qui... Non, personne ne peut se comparer à moi. Bon, Zep, parlons affaires, je... Bien sûr que j'ai le temps pour une conversation purement amicale. Comment vas-tu ? Parfait. Bon maintenant je voudrais... Je ne savais pas que tu avais eu mal à la gorge, sinon je t'aurais demandé si tu allais mieux. L'autre soir encore, je disais à mon tailleur qui était en train de me faire essayer des sous-vêtements d'hiver dessinés spécialement pour moi et Rockfeller que, s'il y avait une chose au monde qui me passionnait en ce bas-monde, c'était bien la gorge de mon plus jeune frère. Alors, comment va cette gorge ? Non, je m'inquiète vraiment. Mieux ? Bien. C'est le genre de nouvelles qui va réjouir nos petits gars sur le front. Je parie que quand il le saura le Kaiser va y réfléchir à deux fois avant de... Je m'éloigne du sujet ? J'avais pourtant la raison de cet appel clairement en tête quand je suis rentré dans cette cabine il y a plusieurs heures... Eh bien en fait, Zeppo, j'aimerais que tu me rendes un petit service. J'aurais besoin... Non, ce n'est pas vrai du tout. Je ne t'appelle pas uniquement quand j'ai besoin d'un service. Souviens-toi qu'en 1911 je t'ai appelé juste pour te dire que j'avais renversé de la soupe sur une veste que je t'avais empruntée pour aller à un bal de débutantes. Donc tu ne peux... Le service ? Puisque tu as, de par tes activités d'agent artistique international, des contacts à Londres, j'aimerais que tu me trouves des renseignements fiables concernant Miles Ravenshaw. Ce type prétend... Tu es d'accord ? Oui, ça devrait attirer de la publicité sur notre script de comédie. Mais je t'assure que je souhaite réellement résoudre cette foutue affaire. Tout ce que tu pourras dénicher sur le passé de Ravenshaw à Scotland Yard, sur les inimitiés qu'il s'est créées, sur un éventuel scandale ou sur ses rapports éventuels avec Felix Denker ou Erika Klein à l'époque, tout cela sera bienvenu... Oui, je sais que c'est cher de téléphoner ou d'envoyer un câble à Londres. C'est précisément pour cette raison que je m'adresse au plus solvable de mes parents. Tu as carte blanche, Zeppo.

Groucho inséra une seconde pièce dans le téléphone et composa le numéro de son bureau.

— Entreprise Groucho Marx, répondit Nan.

— Ici Julius Marx Le Magnifique. Je crois que je souffre d'amnésie partielle. Pouvez-vous me rappeler ce que signifie exactement le mot « abracadabra » ?

— Cessez de faire le clown. Frank a été blessé.

— Sérieusement ?

— Il va se remettre. Le pauvre a été assommé avec une matraque.

— Où est-il ?

— Chez lui. Jane prend soin de lui. Elle a fait venir un médecin qui a dit qu'il s'en sortirait sans mal. Mais il doit rester au lit au moins pour le reste de la journée.

— Je téléphonais pour vous prévenir que j'avais l'intention d'aller au Altadena Community College mais cette nouvelle change tout. Je cours voir Frank.

— Voilà qui me semble raisonnable.

— Oui, mais n'allez pas déblatérer à droite et à gauche en disant que j'ai fait quelque chose de raisonnable.

Il raccrocha.

CHAPITRE 14

Lorsque Jane ouvrit la porte d'entrée, c'est une grande gerbe de fleurs qui entra dans la maison. Le bandeau qu'elle arborait proclamait : *Bonne chance à ta boucherie kascher.*

Groucho porta l'œuvre florale au milieu du living-room et la déposa sur un bras du canapé où je me reposais.

— C'est l'inscription la plus proche de « Désolé que tu te sois fait cabosser la calebasse en service » que j'ai pu trouver chez le nouveau fleuriste. Il y avait aussi une superbe couronne de roses jaunes mais dessus il y avait écrit « Repose en paix, tante Edith, de la part du Syndicat des artisans fraiseurs ». Ça m'a semblé un poil trop morbide.

— C'est le geste qui compte, le rassurai-je.

Je me relevai un peu pour m'asseoir sur le canapé. Il s'approcha de moi et se pencha pour observer ma nuque.

— Nan m'a dit que ce n'était pas trop grave.

— Un traumatisme mineur. Le coup était assez fort pour m'envoyer dans les vapes mais pas assez pour m'abîmer sérieusement.

— Mais ça aurait pu arriver, dit Jane en saisissant la gerbe de fleurs pour la déposer contre un mur. Vous venez à peine de commencer à enquêter et Frank se fait déjà tabasser.

— Tout va bien, Jane, nous en avons déjà parlé...

— Je ne radote pas pour t'ennuyer. Tout ce que j'essaye de vous dire c'est que vous êtes deux boy-scouts embarqués dans quelque chose de sérieux.

— Tu as parfaitement raison, Jane, dit Groucho en prenant place dans un fauteuil. Et j'avoue que je ne m'attendais pas à ce que ton petit mari soit agressé aussi tôt au cours de la partie. En temps ordinaire, ça n'arrive qu'au bout de trois ou quatre jours.

– Si on arrêtait de parler de ma stupidité pour se mettre à comparer nos notes de...

– Ce n'est pas parce que quelqu'un t'a assommé que tu es stupide, dit Jane en me rejoignant sur le canapé.

– Pas très futé, en tout cas, dis-je.

– Aucune idée de l'identité du malfaiteur ? demanda Groucho.

Je secouai la tête en signe de dénégation, ce qui déclencha des éclairs de douleur aiguë dans ma nuque. Il reprit :

– Où étais-tu exactement quand on t'a attaqué ?

Je lui parlai du nid d'amour à San Amaro et de ma découverte des livres antisémites que Marsha Tederow y avait apparemment cachés.

– Docteur Helga Krieger, dit-il lorsque j'eus terminé mon rapport. Jamais entendu parler de cette brave femme mais j'en saurai plus sur elle quand j'aurai parlé avec le professeur Hoffman demain.

– Peut-être que les livres ont un rapport avec le projet de chantage que Marsha mettait sur pied, suggérai-je.

Groucho tira sur ses deux oreilles pour les orienter vers moi.

– Quoi ? Comment ? Qu'est-ce ? Un chantage et je ne suis pas au courant ?

Je lui relatai ce que j'avais appris lors de ma rencontre avec Victoria St. John.

– Et donc, si Marsha faisait chanter quelqu'un, il est probable que sa mort n'a pas été accidentelle.

Groucho fit rouler ses yeux :

– Je suppose qu'elle ne portait plus le petit uniforme étriqué fourni par les établissements Mullen.

– Non.

– Dommage.

Il se leva de son fauteuil, se gratta les côtes et commença à évoluer de long en large, les genoux exagérément pliés.

– Tu es bien certain, Raoul, que ce n'est pas notre brave Vicky qui t'a frappé en douce ?

– Elle est incapable de discrétion, et puis j'ai confiance en elle.

Jane approuva d'un hochement de tête et Groucho poursuivit son analyse :

— Il semblerait donc que trois personnes différentes aient visité la cachette de Denker au même moment. Pourquoi ?

— En ce qui me concerne, uniquement parce que je venais de la découvrir.

— Peut-être que Frank a été suivi et qu'ils se sont dépêchés de le devancer après son entrevue avec Mary Jane McLeod, dit Jane.

— C'est possible, admit Groucho qui, tout en marchant, déchirait l'emballage d'un cigare Don José. Ou ils ont comme Frank découvert le nid de Denker et Marsha aujourd'hui même et se sont empressés d'aller y fouiner.

— D'après ce que j'ai vu, ils n'ont pris que ces livres nazis, dis-je. Ça veut dire que ces bouquins ont, d'une façon ou d'une autre, une importance pour eux.

Groucho mit son cigare en bouche sans faire mine de vouloir l'allumer.

— Il y a beaucoup de possibilités. Ces volumes peuvent contenir des messages codés, ou des annotations accusatrices en marge. Ou peut-être le docteur Helga est-elle en personne mêlée à ces meurtres.

— *Meurtres* au pluriel ? releva Jane. Tu penses que Marsha Tederow a été assassinée ?

Groucho fit un signe de tête.

— Pour le moment, oui. L'hypothèse est qu'elle faisait chanter quelqu'un qui avait un rapport avec la prose du docteur Helga Krieger. Ils ont alors décidé de maquiller son meurtre en accident. Ils la tuent, vont fouiller son appartement, n'y trouvent rien. Puis plus tard ils apprennent qu'elle habitait parfois à San Amaro et vont inspecter cette charmante bourgade au moment précis où notre intrépide Franklin s'y trouve, ce qui les pousse à l'assommer et à subtiliser les bouquins.

— Toi qui as vu une photo du docteur Krieger, demanda Jane, tu peux nous la décrire.

— Elle ne ressemble à personne que nous ayons déjà rencontré jusqu'à présent. Une grosse femme, dans les cent kilos peut-être, au physique quelconque. Des cheveux noirs relevés en chignon. Des lorgnons posés sur un nez large et plat. Elle devrait aujourd'hui avoir près de quarante-cinq ans.

Groucho réintégra son fauteuil.

— Et qu'as-tu appris ce matin en allant aux studios Mammouth ?

— Mon cher, j'y ai appris ce fait essentiel que nous sommes *persona non grata* en ces lieux.

— Je confonds toujours cette expression avec *pommes de terre au gratin*, ce qui ne simplifie pas ma diététique. Qui nous a donc exclus de la liste des hôtes, Lew Numéro Un ?

— Oui, mais c'est Randy Grothkopf le directeur de la Publicité qui l'en a convaincu.

— Une raison supplémentaire de mettre le grappin sur le meurtrier et de battre ainsi tous ces schlemiels sur la ligne d'arrivée. Sans ça nous ne pourrons pas retourner sur place pour vendre notre *Cendrillon prend le volant* à Lew Numéro Deux.

Jane détourna les yeux de Groucho pour me fixer.

— Bon, toujours pas d'idée sur l'identité du meurtrier de Denker et Tederow ?

Groucho fut le premier à répondre :

— En tout cas, ce n'est pas Franz Henkel, le technicien nazi, quoi qu'en pensent la police et la veuve éplorée.

Il nous fit un compte rendu de son entrevue avec Erika Klein à Merlinwood. Jane reprit la parole à la fin de son exposé :

— Des lettres de menaces peuvent constituer de très bons indices de culpabilité.

— Soit, Franz Henkel est peut-être, au mieux, la main armée de quelqu'un, admit Groucho. Mais il n'est pas le genre de type qu'on ferait chanter pour avoir été en relation avec le docteur Helga Krieger. Et puis, contrairement à ce qui se passe dans les films de série B, les vrais scélérats n'envoient pas de lettres de menaces aux gens qu'ils ont l'intention de zigouiller.

— Le sergent Norment n'a pas l'air de partager ton avis.

— Nous ne savons pas réellement ce que notre bon sergent pense de tout ça, objecta Groucho. Il ne se confie guère aux journalistes, et encore moins à nous. Je n'ai par exemple ni lu ni entendu un traître mot au sujet de cette scénariste que nous avons rencontrée hier dans ce pittoresque pub britannique.

– J'ai des informations sur Clair Rickson mais je ne sais pas vraiment si elles sont solides, dis-je.

Je répétai dans le détail les propos que m'avait tenus Mary Jane au sujet de Clair et de son éloignement pour raison de santé.

– Je pense pouvoir apprendre dans quel sanatorium elle est soignée, après quoi j'irai discuter avec elle.

– Oui, inscris ça sur la liste de tes bonnes actions à accomplir, Raoul.

– Il serait aussi intéressant de savoir ce que notre Sherlock Holmes a en tête, ajoutai-je.

Groucho se redressa dans son fauteuil en souriant.

– Je pense être en mesure de répondre à cette interrogation.

Il nous narra ses aventures survenues dans le restaurant Chez Musso et Frank.

– Fais-moi penser à conserver un exemplaire de la photo pour mon album de famille si jamais elle est publiée.

– J'ai l'impression que Ravenshaw ne s'intéresse pas vraiment à cette affaire, dit Jane. Tout ça n'est que du bluff et du battage publicitaire.

– J'ai toujours pensé que ce monsieur était un demi-crétin, répondit Groucho. Mais je ne veux pas échouer parce que je l'aurai sous-estimé. Peut-être est-il réellement à deux doigts de résoudre l'énigme, bien que j'en doute.

Il se leva de son fauteuil.

– Demain j'irai voir le professeur Hoffman au Altadena Community College.

– Moi j'essaierai de me procurer le rapport concernant l'accident de Marsha Tederow, dis-je. Et puis j'interrogerai aussi deux ou trois personnes pour essayer d'apprendre où Franz Henkel peut bien se terrer.

– Tu feras peut-être tout ça, mais demain après-midi, précisa Jane. Dans la matinée, tu resteras au lit.

– Je ferai tout ça l'après midi, Groucho.

Ce dernier se dirigea vers la porte d'entrée.

– Permettez-moi de prendre congé et de vous laisser à votre félicité conjugale, dit-il. Quand tu en auras assez de voir ces fleurs, Frank, fais-le-moi savoir. Il y a une boucherie kascher à qui je pense pouvoir les refourguer.

CHAPITRE 15

G ROUCHO fit de petits progrès en se rendant le lendemain matin au Altadena Community College.

Altadena est une petite ville située juste au nord de Pasadena et il arriva sur le parking des visiteurs du Community College dix petites minutes avant dix heures. Il gara sa Cadillac et se dirigea vers le bâtiment qui abritait le département de littérature allemande. L'université s'étendait sur près de six hectares. Les constructions étaient en briques rouges traditionnelles, abondamment recouvertes de lierre. Des allées serpentaient entre des étendues de gazon bombées et des petits bois touffus.

Derrière l'arche de ferronnerie qui marquait l'entrée du département, on avait disposé des tables où documentation et tracts étaient proposés par des étudiants répartis en organisations aussi diverses que la Ligue socialiste des Jeunes, le Club des Cinéphiles, l'Association pour la Lutte contre la Famine en Chine et les Fédéralistes mondiaux. Groucho fit une courte halte près de cette dernière et y prit un prospectus.

Alors qu'il reprenait son chemin, un jeune homme en pullover et en pantalon large le dévisagea et s'écria :

– Groucho Marx ! Qu'est-ce que vous venez faire ici ?

Groucho posa un pied sur un banc qui bordait l'allée et répondit :

– C'est une longue et intéressante histoire, jeune homme. Tout a commencé le jour où ma mère m'a confié la mission d'aller vendre la vache de la famille. J'ai donc pris la résolution de mener ma bonne vieille Marguerite jusqu'à la ville de Burbank, chez un concessionnaire de vaches d'occasions mais, subitement, j'ai rencontré un certain Jack qui prétendait posséder des haricots magiques. Je sais, ça peut vous paraître un peu confus mais...

— C'est Groucho, hurla une étudiante blonde portant jupe à carreaux, pull en cachemire, bottes d'écuyère et qui vint se mêler au petit groupe en cours de formation près du banc de Groucho.

— Tout a commencé, reprit Groucho, ce jour béni où nous avons quitté le port de Douvres, en l'an de grâce...

— C'est vous qui chantez dans vos films ou bien est-ce que vous êtes doublé ? interrogea une rouquine grassouillette qui venait de se joindre à la quinzaine d'admirateurs.

— C'est bien moi qui chante. Mais en revanche mes répliques sont toutes doublées par Maurice Chevalier, sauf les jours où il est retenu par son travail à la poissonnerie, dans ces cas-là c'est Dingo qui s'en charge.

— J'ai lu quelque part que vous avez débuté comme ténor dans le music-hall, lança une étudiante.

— Non, mon enfant, j'ai fait mes premières armes en tant que danseur étoile au Metropolitan Opera dans le *Lac des Cygnes et des Homards Thermidor.*

— Vous connaissez Clark Gable ? Comment est-il en vrai ?

— Il me ressemble beaucoup, si ce n'est que ses oreilles sont plus petites.

— C'est vrai que vous avez eu une aventure avec Norma Shearer ?

— Non.

— Avec quelles actrices est-ce que vous êtes sorti ?

— J'ai fait une fois la rencontre, ô combien intéressante, de Joan Crawford dans une cabine téléphonique à Tijuana. Je ne puis hélas vous décrire la scène car je viens d'en vendre l'exclusivité au *Magazine du Catch.*

— Pourquoi est-ce que Harpo ne parle pas dans les films ?

— Détrompez-vous, il parle. Mais il parle sur une fréquence élevée audible exclusivement par les chiens. Vérifiez auprès de vos amis dobermans.

— Est-ce que vous êtes capable de donner une réponse sérieuse ? demanda en pouffant de rire une petite brune.

Groucho leva les yeux vers le ciel bleu du matin et prit un air songeur.

– OK, les enfants, puisque vous y tenez, je vais vous donner une réponse sans détour : c'est vraiment le pied de se faire passer pour Groucho Marx.

Plus d'une centaine d'étudiants entourait Groucho au moment où la cloche de la tour du campus sonna dix heures.

– Je vais devoir vous laisser, annonça-t-il en quittant son banc.

– Est-ce que vous êtes plus intelligent que Sherlock Holmes ?

– Ça, répondit-il, nous le saurons dans quelque temps.

Pendant que Groucho livrait son sermon à ses ouailles, moi, je m'offrais une promenade solitaire le long du Pacifique.

Plus tôt dans la matinée, j'avais réussi à passer en douce quelques coups de fil mais Jane avait surgi de son bureau et m'avait surpris en flagrant délit, au moment où je réussissais à persuader un ancien collègue du *Los Angeles Times* de me dégoter un exemplaire du rapport sur l'accident de Marsha Tederow. Elle avait attendu que je repose le combiné pour me gronder.

– Tu n'étais pas censé te reposer jusqu'au début de l'après-midi ?

– Ah oui ? J'ai des trous de mémoire. Ça doit faire partie de mes symptômes.

Elle avait alors pointé un index vers la porte et lancé d'une voix impatiente :

– Sors d'ici et vas marcher sur la plage, il paraît que c'est excellent pour la santé.

– Être assis avec un téléphone en main n'est pas une activité exténuante au point de...

– Dès que midi aura sonné, tu pourras revenir jouer au détective.

– Tu as une tache d'encre sur le nez.

– Je n'en doute pas. Vas faire un tour.

– Bien maman, dis-je en me levant du sofa.

– Alors comme ça tu as trouvé une copie du rapport d'accident ?

– J'en aurai une en fin d'après-midi.

– Et pour la cachette de Franz Henkel ?

– J'ai un rendez-vous avec un de mes anciens informateurs à trois heures à Los Angeles.

Je suis donc sorti dans le matin lumineux et chaud de décembre. Notre maison était à cinq minutes de l'océan et il suffisait de descendre la colline.

Quelqu'un avait construit à quelques mètres des premières vagues un impressionnant château de sable qui comprenait six tours et un pont-levis. Seul derrière les créneaux d'une tour, il y avait un soldat de plomb dans un uniforme de l'armée chinoise. Je me penchai, le saisis et le mis dans une poche de mon pantalon.

Plus loin sur la plage, une grosse femme dans un peignoir de tissu-éponge jaune se tenait debout, jambes écartées, les mains sur les hanches, et appelait en criant un nom qui ressemblait à «Raspoutine, Raspoutine!». Assez loin d'elle, je trouvai un gros rondin de bois échoué qui me parut confortable et m'y assis pour regarder l'océan.

J'étais encore là quinze minutes plus tard lorsque Jane me découvrit. Je lui désignai les nuages à l'horizon:

— J'étais en train de penser qu'en naviguant tout droit dans cette direction nous pourrions ouvrir une nouvelle route commerciale vers l'Orient.

— C'est exactement la même idée bizarre que m'a confié Marco Polo la dernière fois que nous avons dîné avec lui.

— Je ne veux plus qu'on sorte ce guignol. Il ne veut manger que dans des bouis-bouis chinois.

— Tu as reçu un appel de Victoria St. John, dit-elle en se penchant pour me tendre la main.

Je la pris et elle m'aida à me relever.

— Quelque chose d'important?

— Je crois, oui. Victoria dit qu'elle a fait le ménage chez elle ce matin et qu'elle a trouvé une feuille de bloc-notes égarée sous un tapis. Elle est sûre que c'est la note où Marsha avait inscrit le lieu du rendez-vous où elle devait se rendre le soir de sa mort.

— Formidable. Sait-elle qui elle allait voir?

— Aux dires de l'ancienne hôtesse des établissements Mullen, il n'y a pas de nom sur la feuille. Mais je te prie de tenir compte du fait que ces renseignements m'ont été livrés noyés dans un déluge de digressions, d'apartés et de notes de bas de page qu'il m'a fallu tamiser. Le point principal dégagé est le suivant : Marsha avait rendez-vous à dix heures du soir dans un bar du côté de Sherman Oaks qui s'appelle le Cutting Room.

– Jamais entendu parler.

– Victoria non plus mais elle a vérifié dans l'annuaire et elle m'a donné une adresse.

Je hochai la tête et offris mon bras à Jane en l'invitant à remonter avec moi la colline vers notre maison.

– J'irai là-bas cet après-midi.

– J'aimerais bien t'accompagner, Frank.

– Tu as terminé tes dessins pour le journal de demain ?

– Oui, je suis même en avance sur la page que je dois rendre dimanche.

– Tu veux me donner un coup de main ou est-ce juste une manœuvre supposée me tenir à l'écart de Victoria ? lui demandai-je en appuyant mon regard.

– Les deux, admit-elle.

CHAPITRE 16

L E professeur Ernst Hoffman était un petit homme et soigneusement habillé, d'environ cinquante-cinq ans. Son bureau était petit, parfaitement propre et méticuleusement rangé. La plupart des livres qui remplissaient les étagères couvrant deux des murs du bureau étaient en allemand et un buste de Goethe trônait sur un classeur colonne en bois.

Lorsque Groucho prit place sur la chaise à dossier droit qui était à côté du secrétaire à rouleau d'Hoffman, celui-ci se pencha pour déposer sur ses genoux un lourd cendrier de cristal taillé.

– Pour votre cigare, Julius.

– Il est éteint, Ernie.

– Peut-être, mon ami, déciderez-vous de l'allumer.

Groucho retira le cigare de ses lèvres et l'enfouit dans une des poches de côté de son manteau sport puis rendit le cendrier au professeur.

– Je suis venu pour...

– Ça n'est pas très hygiénique, mettre comme ça un cigare dans sa poche.

– Ça n'est pas grave, professeur. De toute façon, le sandwich au pastrami est empaqueté dans du papier paraffiné. Quoique, maintenant que j'y pense, peut-être que le fenouil casher sent un peu trop fort pour mon cigare.

Hoffman haussa les sourcils pendant quelques secondes :

– Ah oui, c'est vrai, j'oublie toujours que vous êtes comédien.

Il rit et déposa le cendrier à dix centimètres de son stylo à encre.

– Des millions de personnes ont eu le même problème en regardant *Panique à l'Hôtel*, ajouta Groucho.

– Je vais rarement au cinéma depuis quelque temps. À Berlin, c'était différent et j'ai trouvé que les films réalisés par des gens comme Fritz Lang et Felix Denker étaient très...

– Quand avez-vous vu Denker pour la dernière fois ?

Le professeur se redressa sur son siège.

– Vous enquêtez donc réellement sur la mort de Denker ?

Groucho approuva d'un signe de tête.

– La police a déclaré qu'elle soupçonnait un technicien un peu sanguin nommé Franz Henkel. Est-ce que Denker vous avait parlé de cet homme ?

Hoffman recula son siège, se leva et se dirigea vers le classeur colonne, en ouvrit à moitié le tiroir du milieu.

– Henkel est très actif au sein de l'Association pour l'Amitié germano-américaine, et il était déjà une petite brute nazie à Munich, avant de venir en Amérique, il y a près de trois ans.

Il fit glisser une chemise cartonnée hors du tiroir et la tendit à Groucho.

– J'aime bien me tenir au courant de ce que font les gens comme Henkel.

Dans la chemise, une photo représentait un homme aux cheveux coupés très courts, dont le costume noir taillé près du corps laissait deviner qu'il était bien bâti. Groucho parcourut les deux pages d'informations dactylographiées qui étaient agrafées au cliché puis referma le dossier.

– Ce Henkel m'a tout l'air d'être un garçon un peu perdu, dit-il, pas le genre de type qui planifie un meurtre avant de passer à l'acte.

– Il aurait tout à fait pu frapper Felix dans une ruelle sombre ou ailleurs mais, moi non plus, je ne pense pas qu'il ait eu le cran et le cerveau nécessaires pour un assassinat programmé.

– Est-ce vrai que Denker l'a fait renvoyer de la Mammouth ?

– C'est vrai, répondit Hoffman en hochant la tête, mais pas de la façon dont la presse l'a raconté, pas à cause de menaces. Felix se souvenait du Henkel qu'il avait connu en Allemagne et a refusé de travailler avec lui sur ses films. Il avait assez d'influence aux studios pour obtenir son renvoi.

– La seule adresse que vous avez concernant ce type est la même que celle que la police a donné à la presse. Aucune idée de l'endroit où il se cache vraiment ?

— J'essaie de me renseigner, Julius, mais, à ce jour, je ne le sais pas, répondit Hoffman en déposant le dossier dix centimètres à gauche du cendrier. Il est possible que Henkel sache quelque chose sur le meurtrier de Felix.

— Probable. Pourquoi Denker a-t-il été tué d'après vous ?

Le professeur frotta lentement ses mains l'une sur l'autre.

— Felix semblait craindre quelque chose mais il ne m'a pas fait de confidences. J'ai dîné avec lui la semaine dernière et son inquiétude était manifeste.

— Quand ?

— Vendredi soir. Nous avions rendez-vous dans un restaurant mexicain sur Figueroa Street, près de la gare centrale.

— A-t-il parlé de Marsha Tederow ?

— Vous connaissez leur liaison ? dit le professeur.

Approuvant du menton, Groucho précisa :

— Oui. Nous avons même appris qu'il avait loué une petite cachette à San Amaro où ils pouvaient se retrouver en secret.

— Felix était visiblement très affecté par sa disparition, reprit Hoffman. En fait, je pense qu'il m'avait invité à dîner pour me parler d'elle, pour me dire quelque chose sur sa mort.

Hoffman secoua la tête.

— Et puis il a eu l'air de changer d'avis. Je crois qu'il a voulu me faire comprendre qu'il n'était pas prêt. La seule chose qu'il m'ait dite était qu'il se sentait, d'une certaine manière, responsable de sa mort.

— Vous pensez qu'il l'avait tuée ?

— Vous soupçonnez que ce n'était pas un accident ?

— L'accident semble peu probable.

Le professeur réfléchit un court instant.

— Non. Même si j'ai ressenti de la culpabilité chez lui, cela ne signifie pas, je pense, qu'il l'ait tuée. Il se sentait responsable, je n'ai pas pu en savoir plus.

— Vous connaissiez Denker et Erika Klein en Allemagne, demanda Groucho, formaient-ils un couple uni à l'époque ou bien...

— Je n'ai rencontré Erika qu'une ou deux fois à Berlin. Felix ne l'a épousée que quelques mois avant d'émigrer. Je n'ai jamais eu le sentiment qu'ils étaient très proches l'un de l'autre, ni très...

Il cessa de parler et eut un geste de démission ou de pudeur. Groucho se pencha vers lui :

— Quoi ? Dites-moi tout ce que vous savez, Ernie, j'en ai besoin.

Le professeur se frotta lentement les mains à nouveau avant de reprendre :

— Felix a beaucoup changé en arrivant en Amérique. En Allemagne, pendant au moins les deux années qui ont précédé son départ, c'était un joueur acharné. Acharné au sens que prend ce mot chez ceux qui perdent continuellement.

— Il avait une ardoise ?

— Il devait beaucoup d'argent. Mais, très peu de temps avant de se marier, il a été en mesure de rembourser toutes ses dettes de jeu.

Le sourcil gauche de Groucho s'éleva.

— Vous croyez que la famille d'Erika a aligné une grosse dot à Denker ?

— Je n'ai jamais posé la question et je ne sais même pas si la famille d'Erika était aisée, répondit Hoffman. Mais la coïncidence m'a semblé troublante.

— Je me suis laissé dire qu'Erika n'était pas précisément une épouse jalouse.

— Felix n'a certainement pas été tué parce qu'il était infidèle à sa femme.

Le téléphone sonna sur le bureau impeccablement rangé du professeur.

— Allô ? Oui, ici Hoffman.

Il écouta un court instant, sourit puis tendit le combiné à Groucho.

— Votre secrétaire, Julius.

— Allô, Nanouche ? Je croyais vous avoir interdit de m'appeler lorsque je suis au bordel ou dans une école.

— Vous venez de recevoir un appel intéressant.

— Ah oui ? Et qu'est-ce que j'ai répondu ?

— Un acteur britannique du nom de Randell McGowan est très désireux de vous parler. Il sera au Britannia Club à Beverly Hills de trois à cinq heures de l'après-midi. Vous savez où c'est ?

— Absolument, ma chère. J'ai été repoussé trois fois alors que je me présentais à leur porte d'entrée, ainsi que deux autres fois à l'entrée de service. Si ma mémoire est bonne, McGowan est le gus qui joue le docteur Watson dans le film de Ravenshaw, non ?

– C'est lui, oui, répondit la secrétaire. Apparemment, Ravenshaw et lui ne sont pas exactement bons amis. Il m'a dit qu'il venait juste de se souvenir d'un fait en rapport avec le meurtre de Denker et qu'il préfèrerait, je cite, être damné plutôt que de le livrer à ce sale type qu'est Ravenshaw. Et il est trop gentleman pour s'adresser directement à la police.

– Entre deux sales types, il a donc choisi le moins sale, c'est-à-dire moi.

– Vous devriez aller le voir, Groucho, il avait une voix très convaincante.

– La plupart des acteurs britanniques ont une voix convaincante. J'ai presque failli acheter une voiture d'occasion à l'un d'entre eux une fois. Mais bon, j'irai au Britannia. Rien d'autre ? Pas d'orphelins déposés devant ma porte ?

– Rien d'autre à vous dire. Au revoir.

Groucho rendit le combiné à Hoffman.

– Excusez-moi pour cette interruption.

– Ainsi, vous êtes réellement en compétition avec cet acteur qui joue Sherlock Holmes ?

– Oui, mais je trouve que ça donne un aspect détestable à cette affaire.

– Aucune importance, Julius, du moment que c'est vous qui découvrez qui a tué Felix.

Groucho posa une nouvelle question :

– Est-ce que Denker vous a déjà parlé du docteur Helga Krieger ?

– Comment diable avez-vous entendu parler d'elle ?

Groucho expliqua ma découverte de ses livres dans le nid d'amour de San Amaro avant de reprendre :

– Cette Helga Krieger était-elle une connaissance de Denker et d'Erika Klein ?

– Je ne pense pas, Felix ne m'a jamais cité son nom, autant que je puisse m'en souvenir. Mais j'ai beaucoup entendu parler d'elle lorsque j'enseignais à Munich.

– Une antisémite, d'après ce que j'ai compris.

Le professeur se saisit de son stylo et se mit à tapoter nerveusement le sous-main du bureau tout en continuant de parler :

– Le docteur Krieger faisait partie des universitaires prônant l'aryanisation et elle travaillait avec acharnement à prouver que les Allemands formaient une race supérieure ou, pire encore, que la pureté du peuple allemand devait être préservée. Elle donnait des conférences lors de manifestations ou de rassemblements politiques. La parfaite salope nazie.

– Qu'est-elle devenue ?

– On est en droit d'espérer qu'elle est morte et qu'elle pourrit quelque part en Allemagne. Elle a cessé de faire parler d'elle au début des années trente, plus aucun de ses travaux n'est paru dans la presse nazie et elle n'a plus fait d'apparition publique.

– Est-il possible qu'elle soit venue en Amérique ?

Le professeur Hoffman étudia le plafond.

– Si elle est ici, je n'en ai jamais entendu parler, finit-il par dire. Et comme vous le savez, je me tiens au courant de ce genre de choses.

– Dans ce cas, comment se fait-il que ses trois livres soient si importants dans cette affaire ?

Le professeur secoua la tête.

– Je n'en ai pas la moindre idée, mon ami. Peut-être leur valeur ne réside-t-elle pas dans le fait qu'elle en est l'auteur. Ils sont peut-être importants pour une autre raison.

– Je me suis fait la même réflexion. Mais j'ai tout de même le pressentiment que le docteur Helga Krieger a un rapport direct avec notre affaire.

– Les pressentiments sont utiles, Julius. Mais ce dont vous avez besoin, pour résoudre cette énigme, ce sont des faits.

Groucho approuva du chef et se leva.

– Merci de me le rappeler, Ernie.

Il se dirigea vers la porte.

– Je vais tâcher d'en récolter un plus grand nombre.

CHAPITRE 17

À L'INTÉRIEUR du Cutting Room, chaque surface disponible avait été recouverte de lambris de pin noueux. Le petit bar était situé au bord d'un parking de terre battue et, à travers ses fenêtres teintées en bleu, on pouvait voir des champs couverts de mauvaises herbes ainsi qu'une étendue boisée. Derrière le bar étroit, un poster de film représentait Guy Pope dans le rôle d'Ivanhoé. Le barman, un homme costaud et barbu, vêtu d'un tee-shirt de l'université UCLA qui avait beaucoup vécu, essuyait machinalement des verres en regardant une mouche bourdonnante qui voletait dangereusement autour d'une bande de papier collant.

Jane et moi avions à peine passé la porte d'entrée pour nous engouffrer dans l'atmosphère de bière éventée et de fumée de cigarettes que trois nains habillés en costume noir se levèrent de leur table à notre gauche et nous firent signe.

Celui des trois qui arborait une moustache nous héla.

– Salut, Janette chérie.

Celui qui portait des lunettes à monture d'écaille lança un :

– Comment vas-tu, ma belle ?

Le troisième, roux, couvert de taches de rousseur, plus petit que les autres de presque dix centimètres, se précipita vers nous en me tendant la main.

– Sers-m'en cinq, mon pote. Tu dois être le mari de Janette.

– Ce sont les Spiegelman Brothers, m'expliqua Jane avec un sourire forcé.

Je serrai sa main.

– Les Spiegelman Brothers ?

– Nous sommes plus connus dans l'est du pays. Je m'appelle Leroy.

– Ils ne sont pas réellement frères, c'est leur nom de scène, précisa Jane en saluant de la main les deux autres qui étaient restés devant leur verre. Salut Edwin, salut Mort.

– Alors comme ça vous êtes dans le spectacle ? demandai-je à Leroy.

– Tu pensais que nous étions un trio de modèles réduits représentants en assurance ?

Jane et moi, nous nous dirigeâmes vers le bar, suivis de Leroy. Jane m'éclaira un peu :

– J'ai rencontré les Spiegelman Brothers l'année dernière. La RKO envisageait alors de porter à l'écran une adaptation en épisodes d'une de mes bandes dessinées dans laquelle ils devaient avoir des rôles. Mais le projet est tombé à l'eau.

– Toujours pas de boulot ? me demanda Leroy.

– Je suis entre deux films.

– Pour être entre deux films, il faudrait déjà en avoir fait un, mec.

– Je voulais dire que je suis entre deux scénarios.

– Je me souviens de l'émission de radio que tu avais avec Groucho. Pas franchement génial.

Jane lui donna une petite tape sur l'épaule.

– Ça m'a fait plaisir de vous revoir, les gars, mais en fait nous sommes venus pour...

– Pas la peine de t'excuser, Jane, coupa Leroy.

Il lança une petite tape sur la fesse gauche de ma femme en me souriant, puis alla rejoindre en trottinant ses collègues.

– Ils m'ont prise en sympathie, je crois, dit Jane en s'asseyant sur un tabouret du bar.

– Ne laissez pas ces petits vicelards vous importuner, dit le barman dans sa barbe. C'est leur passe-temps favori ces jours-ci. Ils se calmeront quand ils auront retrouvé du travail et qu'ils cesseront de commander du cognac Napoléon en blaguant sur sa taille. Que désirez-vous boire ?

Du regard, je questionnai Jane qui haussa les épaules.

– Deux bières, répondis-je.

– Une préférence ?

– Pas spécialement.

— Personnellement, j'en ai une pour la Rainier.

— Ça sera parfait.

Je le laissai nous servir et encaisser l'argent des deux bouteilles, puis je sortis de ma poche la carte de presse périmée du *Los Angeles Times* que je gardais toujours sur moi. Je pris aussi la photographie de Marsha Tederow et Felix Denker que j'avais trouvée la veille dans leur cachette. J'exhibai brièvement la carte puis plaquai la photo sur le comptoir.

— Je fais une petite enquête. Vous avez déjà vu ces gens ?

Il ramassa la photo et l'approcha très près de son visage.

— Oui, j'en suis sûr.

— Quand sont-ils venus la dernière fois ?

Il balança sa barbe de droite à gauche.

— Je ne les ai jamais vus ici.

— Mais vous les connaissez ?

— Pas la femme. Mais le type, oui, c'est Felix Denker, le réalisateur qui s'est fait dessouder hier. J'ai eu un petit rôle dans un de ses films, *Lynch Mob*. Je jouais un voyou et je transportais un rouleau de corde dans la scène où...

— Et la fille, demanda Jane. Vous êtes certain qu'elle n'est pas venue ici un soir de la semaine dernière ?

Il quitta la photo des yeux pour regarder ma femme.

— Vous êtes du *Times* aussi, poupée ?

— Vous devinez juste. En fait je suis son assistante. Alors ? Cette fille ?

— Je ne travaille ici que les soirs de week-end, alors...

— Ça ne serait pas la poulette qui s'est tuée en voiture la semaine dernière ? interrompit Leroy qui venait de revenir près de nous et escaladait un tabouret.

— Qui s'est tué ? demanda le barman.

Leroy lui arracha la photo des mains et l'étudia.

— Ouais. Elle était là mercredi ou jeudi. Attendez un moment.

Il repartit avec le cliché vers ses compagnons.

— Vous vous souvenez de cette mignonne, les gars ?

— Une petite nerveuse, dit Edwin en posant l'index sur la photo. Elle s'est assise seule à la table près du juke-box.

Jane et moi avions suivi Leroy. Elle s'assit à leur table tandis que je me tenais debout derrière elle.

— Quel soir était-ce ? demandai-je.

Mort étudiait à son tour la photo.

— Ça devait être jeudi soir, mon pote. Parce que mercredi je suis allé faire du patin à glace.

— Ouais, jeudi, approuva Leroy. Elle est arrivée juste après que tu t'es battu avec ces marins parce qu'ils avaient choisi onze fois *Jeepers Creepers* sur le juke-box.

— Treize fois, corrigea Mort.

— À quelle heure est-elle arrivée ? questionnai-je.

— Un peu après dix heures.

— Elle était seule ?

— Jusqu'à ce que le cow-boy arrive.

— Elle avait rendez-vous ?

— La poupée était seule mais elle n'arrêtait pas de regarder sa montre.

— Un cow-boy ?

— Un cow-boy d'opérette, dit Leroy en ricanant. Du genre à faire des petits rôles dans des films de série B. Il portait un Levi's neuf, une chemise à carreaux de travailleur et une veste en cuir. Il avait des bottes neuves et un chapeau Stetson brun. Des cheveux blonds. Le chapeau aussi était neuf.

— Vous l'aviez déjà vu avant ? demanda Jane.

— Négatif, dit Leroy. Ni ici ni aux Studios.

— La fille avait l'air de le connaître ?

— Ben, elle avait rendez-vous pour boire un verre avec ce minus, non ?

— Peut-être qu'elle avait rendez-vous sans le connaître ? dis-je.

Mort reprit la parole :

— Moi, ce que je crois, mec, c'est qu'elle ne l'avait jamais vu mais qu'il l'avait prévenue qu'il serait habillé comme pour aller au carnaval. Et que c'est comme ça qu'elle l'a reconnu, tu saisis ?

— Et lui, il l'a reconnue ?

— Y avait pas de mal. C'était la plus jolie poupée à des kilomètres à la ronde.

— Alors ils avaient bien rendez-vous ? demanda Jane.

Ils approuvèrent tous les trois de la tête. Edwin précisa :

— Le cow-boy est resté assis peut-être quinze/vingt minutes. Ils ont eu une longue messe basse, un truc apparemment sérieux. Et puis il s'est levé, lui a fait un au revoir glacial et est allé faire voir ses bottes ailleurs. Pas heureux, le gars.

– Elle a réagi comment ?

– Elle avait l'air plutôt contente.

– Comme si elle avait négocié et obtenu quelque chose ?

Leroy eut un haussement d'épaules.

– Peut-être mais c'était certainement pas un truc en rapport avec le cinéma. Et c'était pas une pute non plus.

– Le cow-boy a été menaçant ?

– Non. Il était juste pas très amical.

– Elle est restée longtemps après son départ ?

– Pas loin de dix minutes, à peu près.

– Ils ont beaucoup bu ?

Mort eut une moue négative :

– Elle a bu un fond de bourbon avec de l'eau à côté. Le cow-boy à la manque a pris une bière. Personne n'est parti bourré si c'est ce que vous voulez savoir.

– Est-ce qu'il est possible qu'il l'ait attendue dehors ?

– Difficile à dire, mon pote. Quand il est parti on a oublié l'histoire. Tu penses que la mignonne n'est pas morte dans un accident ?

– J'envisage toutes les possibilités.

CHAPITRE 18

C'EST seulement après être arrivé à Beverly Hills, s'être engagé dans Roxbury Drive, s'être garé et avoir commencé à déambuler dans la rue perpendiculaire qui menait au Britannia Club que Groucho réalisa, comme il me le raconta plus tard, qu'il allait devoir affronter une horde de touristes.

Un groupe d'environ une quinzaine, des deux sexes et d'âges moyens, était réparti de part et d'autre de la rue étroite. Ils prenaient des photographies en guettant le passage de célébrités, plongeant leurs regards à travers les vitres des boutiques et encombrant l'entrée d'un petit restaurant français connu pour être fréquenté par des stars de cinéma... Au bout du pâté de maisons, un petit bus était garé.

Une femme mince, habillée d'un manteau doublé de fourrure, fut la première à l'assaillir en brandissant un album d'autographes bleu.

– Vous pouvez écrire votre nom ?

Il stoppa net.

– Ah, je le savais bien qu'un jour ou l'autre ils m'attraperaient et que je devrais passer un test d'évaluation d'alphabétisation, dit-il en acceptant l'album. Et en plus à Hollywood, la Mecque de l'illettrisme.

Il griffonna son nom, restitua l'album et reprit son chemin.

Il réussit à couvrir dix pas avant que se place sur sa trajectoire un homme obèse, sanglé dans un costume croisé et arborant un nœud papillon à pois.

– Je vous connais, vous, lança l'homme.

– Désolé, le concours a pris fin la semaine dernière et nous n'accordons plus de récompense aux gens qui réussissent à m'identifier dans la rue. Cela dit, il y a désormais des trophées à gagner pour le championnat du nœud papillon le plus ridicule vu à l'ouest du Pecos et, si vous voulez mon avis, vous avez toutes vos chances.

Groucho esquiva l'homme et poursuivit avant d'être capturé par une petite femme blonde qui riait en le regardant des pieds à la tête.

— Vous, je suis sûre que vous êtes Groucho Marx.

— Certainement pas, madame. Je vous interdis de me coller une responsabilité pareille sur le dos. Je dispose d'au moins six témoins dignes de foi prêts à jurer sous serment que je suis en fait Greta Garbo. Plus, ce qui n'est pas négligeable, cinq autres témoins de moralité douteuse susceptibles d'affirmer devant Dieu que je suis ma sœur.

Il franchit l'obstacle avant qu'elle réussisse à trouver son album au fond de son sac à main et il se présenta à la porte du Britannia Club. Un grand type maigre dans un costume criard fondit sur lui :

— J'ai une image de vous sur moi ! cria-t-il en fouillant ses poches.

— On m'a dit qu'il existe aujourd'hui des méthodes efficaces et non douloureuses pour effacer les tatouages.

— C'est pas un tatouage, c'est une photo.

— Ce n'est pas vraiment la meilleure chose à se coller sur le postérieur.

— Mais... Elle n'est pas collée sur mes fesses.

— Vous n'allez tout de même pas vous plaindre auprès de moi parce que votre colle n'est pas efficace ?

— Je l'ai mise dans un petit album où je collectionne les photos des stars de cinéma et j'aimerais beaucoup que vous la signiez.

Il finit par mettre la main sur le petit cahier et l'ouvrit à la bonne page face à Groucho qui pencha son visage vers la petite photo.

— Vous êtes bien sûr que ce n'est pas le masque mortuaire de Balzac ?

— Non, c'est vous, monsieur Marx. J'ai envoyé quarante cents à la MGM pour l'avoir.

Groucho apposa sa signature sur le portrait de studio, piocha une pièce de dix cents dans sa poche et la donna au grand échalas.

— Ils vous ont fait payer trop cher, mon brave.

Puis il se dépêcha de gravir l'escalier de pierres de taille qui menait au Britannia.

La lourde porte de chêne du bâtiment vieux de deux siècles s'ouvrit devant Groucho avant même qu'il ait posé le pied sur l'avant-dernière marche. P.G. Wodehouse apparut, reconnut Groucho et sourit.

— C'est toujours un plaisir de vous voir, Marx.

Groucho saisit la main tendue et rendit à l'auteur, un grand homme presque chauve, son sourire.

— Tout le plaisir est pour moi, mon Prince.

Wodehouse prit l'expression la plus propre à être perçue comme un témoignage de sympathie, puis descendit les marches menant au trottoir.

Un silence profond, agrémenté d'une odeur de cire de meubles, enveloppa Groucho dès qu'il pénétra dans le vestibule du Britannia Club. Les murs étaient recouverts de bois sombre et, plus loin, au-dessus de l'arche qui coiffait l'entrée de la silencieuse salle de lecture, un grand portrait à l'huile représentait le roi George VI. Sur la gauche, on pouvait voir un vestiaire mal éclairé et, sur la droite, à travers une porte vitrée qui mentionnait en lettres d'or *M. le Secrétaire du Club*, un petit bureau. La porte s'ouvrit sans le moindre bruit et un homme pâle et mince, impeccablement vêtu d'un blazer bleu marine et d'un pantalon de flanelle grise apparut. Ses cheveux blonds très clairs étaient séparés par une raie au sommet du crâne et ses petites lunettes cerclées de fer semblaient réduire la distance entre ses yeux.

— Je pense, mon brave, que vous vous êtes introduit ici par erreur, dit-il à voix basse.

— C'est vous le taulier qui avez demandé un exterminateur ? cria presque Groucho. Dites-moi où qu'y sont vos cafards. M'en occupe.

Les yeux du secrétaire se rapprochèrent encore et il fit un geste de sa main pâle pour réclamer le silence.

135

— Encore une fois, je pense que vous avez franchi le mauvais seuil, monsieur. Vous êtes ici au Britannia et on n'y a jamais vu un seul insecte.

Groucho fouilla le fond d'une de ses poches.

— Vais vous montrer comment y sont. J'en ai toujours sur moi, des spécimens de cafards, des termites, des punaises et même des petites satanées bestioles vertes bizarres. Personne au bureau n'a pu me dire ce que c'était jusqu'à présent.

— Non, merci, j'ai peur de devoir vous demander de partir.

— Soit, mais auriez-vous auparavant l'obligeance d'informer monsieur Randell McGowan que je me suis présenté au rendez-vous qu'il m'a fixé ?

L'homme pâle pointa son index sur les armoiries d'or cousues sur la poche poitrine de son blazer.

— Vous seriez-vous moqué de moi ?

— J'en ai bien peur, répondit Groucho en baissant les yeux comme un enfant pris en faute.

— Monsieur, laissez-moi vous dire que je n'apprécie guère vos manières.

— Comme je vous comprends. Bon, et si maintenant vous alliez prévenir McGowan de mon arrivée ?

L'homme recula d'un pas.

— Qui dois-je annoncer ?

— Groucho Marx.

— Groucho ? Votre prénom est Groucho ?

Les yeux du secrétaire semblèrent cette fois opter pour un strabisme franc. Groucho soupira :

— Hélas. On m'a donné le nom d'un oncle qui était riche dans l'espoir que j'hériterais grassement. Mais quand le vieux a passé l'arme à gauche il a tout légué à une institution de soins pour les canaris souffrant de priapisme.

— Je vais prendre des dispositions pour qu'on vous escorte jusqu'au salon dînatoire où, je pense, M. McGowan se trouve présentement, répondit sèchement le secrétaire avant de réinté-grer son bureau en claquant la porte.

Près de cinq minutes plus tard, un homme frêle d'à peu près soixante-dix ans vint rejoindre Groucho d'une démarche plus que traînante. Il était vêtu d'un habit queue-de-pie et, protoco-laire, tenait d'une main osseuse un carton couleur crème. Lorsqu'il arriva à un mètre de Groucho, il fit halte et demanda d'une voix faible et polie :

— Monsieur Marcus ?

— Vous n'êtes pas tombé loin.

— Voulez-vous bien me suivre ?

— Flûte, j'espérais que vous alliez me demander de vous précéder.

— Je vous demande pardon ?

— Rien, je me comprends. Montrez-moi le chemin.

Une fugitive expression de perplexité parut sur le visage ridé par les années du garçon de salle. Il poussa un petit soupir, se retourna et commença lentement à revenir sur ses pas.

La salle de lecture comprenait neuf fauteuils de cuir sombre et une table sculptée sur laquelle était impeccablement disposé un assortiment de journaux britanniques, parmi lesquels *The Illustrated London News* et *The Strand*. Sur les murs, Groucho aperçut plusieurs peintures à l'huile représentant les équipes de cricket ayant défendu au cours des années passées les couleurs du Britannia Club. Il reconnut sur les toiles les visages des acteurs David Niven, C. Aubrey Smith et Nigel Bruce.

C. Aubrey Smith en personne était présent dans un des fauteuils et ronflait profondément, un exemplaire du *London Times* déployé sur les genoux. Deux autres gentlemen occupaient la pièce sans en perturber le silence, mais Groucho ne les reconnut pas. Ils détournèrent tous deux les yeux de leur magazine, comme outragés par le bruit de ces pas sur le profond tapis persan.

Au fond de la salle, le garçon ouvrit une lourde porte, se tint de côté et murmura :

— Vous trouverez monsieur McGowan à la table numéro six.

— Merci grandement de m'avoir guidé jusqu'ici, murmura à son tour Groucho, si jamais j'ai besoin de votre aide pour m'indiquer le chemin du retour, je vous hélerai.

— Oh, non, monsieur, vous ne devez pas faire une chose pareille.

Après une courte révérence, Groucho entra d'une démarche exagérément chaloupée dans la salle. Sous les poutres du plafond, une douzaine de petites tables, recouvertes chacune d'une nappe de lin blanc apprêtée, s'offraient à la vue. Quatre d'entre elles seulement étaient occupées. À un bar, dans un coin de la pièce, trois membres buvaient en silence.

Il repéra facilement McGowan, un homme corpulent, d'à peu près quarante-cinq ans, habillé d'un costume en tweed et arborant une moustache noire de style militaire.

— Bigrement content que vous ayez trouvé le temps de faire un détour jusqu'ici, mon vieux.

Groucho prit place de l'autre côté de la table.

— Bigrement ? Je ne soupçonnais pas que vous ayez ce langage dans la vie réelle.

L'acteur cligna de l'œil :

— Hélas. J'ai pris cette détestable habitude à force de jouer de trop nombreux rôles de dignes fils d'Albion depuis que je suis arrivé à Hollywood. C'est pitoyable mais le pli est pris.

— Mes deux enfants vous ont trouvé très bien dans *The Many Loves of Bonnie Prince Charlie*, répondit Groucho. Tout le monde ne peut pas se vanter de porter aussi bien le kilt en technicolor.

McGowan prit son verre et fit couler une gorgée de Martini dans sa bouche.

— Vous êtes un type diablement surprenant, mon vieux Groucho. Difficile de dire quand vous vous moquez ou quand vous êtes sincère.

— Je vais vous donner le secret pour décrypter mes propos : je ne suis jamais sincère.

— Ça vous tente, un petit coup derrière la cravate ? Un gin pour m'accompagner ?

Groucho fit non de la tête et posa ses deux coudes sur la nappe.

— Non merci, McGowan. Est-ce que le tournage de *La Vallée de la peur* va se poursuivre ?

— J'en ai bien peur, répondit l'acteur avant de siroter à nouveau son Martini. La Mammouth a fait venir Frederick Bauer pour reprendre la réalisation et on repart en plateau la semaine prochaine.

— La perspective n'a pas l'air de vous remplir de joie.

— J'en ai foutrement marre de travailler avec Miles Ravenshaw, si vous voulez le savoir, mon vieux. Cet individu a un ego énorme, même pour un acteur. Et pas assez de talent pour jouer le bœuf dans une crèche de Noël, alors, le cinéma... Il joue Holmes atrocement.

– Vous aviez quelque chose à me dire ?

– Oui, effectivement, bien que je ne sois pas tout à fait sûr que cela vous aidera à trouver le meurtrier de Denker. Entre parenthèses, lui aussi c'était un type épouvantable.

L'acteur porta à nouveau son verre à ses lèvres. Groucho s'impatienta :

– Vous avez des informations sur le meurtrier probable de Denker ?

– En fait, mon vieux Groucho, j'ai juste entendu par hasard une bribe de conversation aux studios, il y a quelques jours. Je préférerais que ça ne s'ébruite pas, mais il y a une jeune femme qui a un petit rôle dans le film et pour qui j'ai un petit faible, vous voyez ce que je veux dire ? Enfin, ce jour-là j'allais la rejoindre en douce sur un plateau d'intérieur qui ne devait pas être utilisé et sur le chemin j'ai entendu du bruit qui venait du décor de pub londonien. Je me suis approché discrètement.

– Approché de qui ?

– J'y viens, du calme mon vieux. C'était Erika Klein, la femme de Denker, vous savez, et puis cette pauvre petite qui s'est tuée en accident de voiture quelques jours plus tard. Marsha Tederow, je crois qu'elle s'appelait.

– C'est son nom, oui. La discussion était tendue ?

– Erika a giflé la fille et l'a traitée de salope vénale et malhonnête. La fille s'est contentée de rire, puis elle a repoussé Erika et est partie. Je n'ai rien entendu d'autre. La raison pour laquelle l'incident m'a paru étonnant c'est que, vous savez mon vieux, beaucoup de gens savaient que Denker avait apparemment une histoire avec cette Tederow, mais tout le monde pensait que sa femme s'en moquait.

– Vous êtes en train de me dire qu'apparemment elle ne s'en moquait pas.

– Tout ce que je dis c'est que cette femme a eu une entrevue orageuse avec Marsha Tederow. Je suppose que ça a à voir avec le fait que son mari courait le jupon mais je n'en jurerais pas. Toujours est-il que j'ai pensé que ça pourrait vous être utile

139

de le savoir, mon vieux. Et puis si ça peut mettre des bâtons dans les roues de Ravenshaw...

Groucho se fendit d'une promesse :

— Je vais lui en mettre un tout de suite.

CHAPITRE 19

L'HÔTEL Ivy, dans le centre de Los Angeles, avait connu des jours meilleurs, mais ce devait être il y a près de vingt ans. Désormais, les couleurs des scènes bucoliques qui décoraient les grands murs du vestibule étaient passées et s'écaillaient. Plusieurs des bergers folâtres semblaient présenter des symptômes d'affection cutanée et les joyeux moutons souffrir de pelade. Les huit piliers de faux marbre étaient ébréchés et tachés, et celui qui était le plus près des cages d'ascenseur penchait visiblement vers la gauche.

Quelqu'un avait apparemment brûlé un encens âcre dans le vestibule l'après-midi où j'y débarquais pour voir mon ancien informateur du *Los Angeles Times*. L'odeur s'accordait mal avec les effluves de désinfectant, de tue-mouches et de linge sale.

En entrant dans la grande salle centrale qui était coiffée d'une coupole, je vis un vieux bouledogue danser la gigue sur la moquette miteuse et un homme au visage émacié, vêtu d'un manteau trop grand, assis dans un sofa, battre la mesure sur un tambourin.

– Allez Boswell, fais voir comment tu danses, pavane-toi.

Le vieux chien avait l'air épuisé et malheureux mais continuait à obéir et à se trémousser, haletant, sur ses pattes de derrière. Comme seul public, il y avait une petite vieille habillée d'une robe à fleurs et un réceptionniste aux cheveux bouclés. En m'approchant du comptoir d'accueil, je m'arrêtai près du bouledogue et le désignai du pouce en m'adressant à l'homme au tambourin.

– Si je vous donne cinquante cents, vous le laisserez se reposer ?

– Filez-moi un dollar et, en plus, je lui achète un os à moelle.

– Ça marche, dis-je avant de lui donner un dollar en argent.

– On fait une pause, Boswell.

Le chien poussa un souffle d'accordéon agonisant et s'effondra sur le sol. J'allai au comptoir.

– Je pense que vous ne venez pas pour une chambre ? demanda le réceptionniste.

– Je voudrais voir Tim O'Hearn.

– Vous êtes bien une des seules personnes à avoir ce genre de désir dans notre bonne ville de Los Angeles.

Son eau de Cologne prodiguait de lourds effluves de lilas.

– Quelle chambre ?

– La trois cent treize. Les ascenseurs sont en panne aujourd'hui, il va falloir y aller à pinces.

– Vous devriez vaporiser un peu de votre parfum dans ce vestibule.

Je me dirigeai vers les escaliers de faux marbre. Dans mon dos, j'entendis le réceptionniste me héler :

– Houla ! Pas la peine d'être aussi méchant.

Dans le couloir central du troisième étage, une seule des trois ampoules des appliques branlantes n'avait pas rendu l'âme, et elle clignotait de façon inquiétante. À travers la porte trois cent treize, j'entendis la radio réglée à un volume élevé. Je reconnus, sur une musique d'orgue, la voix d'Harry Whitechurch qui avait été l'annonceur de notre émission, *Groucho Marx, détective privé*. « Une fois encore, disait-il, il est temps de retrouver l'émission *La Poursuite du Bonheur*, notre épopée racontant la vie d'une étudiante infirmière en quête du grand amour et d'une carrière dans notre époque troublée. Cette passionnante émission vous est proposée par les shampoings moussants Bascom, les shampoings les plus purs... »

Je frappai à la porte.

– Tim, c'est moi.

La radio s'arrêta.

– Qui ?

C'était la voix de Tim O'Hearn. La porte ne s'ouvrit pas.

– Frank Denby.

– Tu as la même voix que lui, en tout cas.

– Beaucoup de gens m'ont dit ça, dernièrement. Peut-être

parce que je suis bel et bien Frank Denby. Allez, Tim, laisse-moi entrer.

La porte s'entrouvrit de quelques centimètres et O'Hearn, mince, la cinquantaine, l'air fatigué comme toujours, me dévisagea.

— On n'est jamais trop prudent.

— Plus prudent que toi, ce n'est pas possible, Tim.

Après quelques secondes, il s'écarta du passage.

— Tu peux entrer, Frank.

Les stores étaient baissés et les vieux rideaux marron tirés dans la petite chambre.

— Apparemment, tu as abandonné les sandwichs au fromage, Tim.

Assis au bord de son lit pliant défait, O'Hearn m'indiqua une chaise du menton.

— J'ai croisé un toubib à Pershing Square il y a quelques semaines et il m'a dit que ce n'était pas bon pour ma santé. Assieds-toi.

Je prélevai précautionneusement sur la chaise une soucoupe contenant les restes moisis d'un sandwich et y pris place.

— Et tu es passé à quoi?

— À la saucisse. C'est une meilleure source de protéines.

Les restes d'un autre sandwich à la saucisse, agrémentés de quelques taches verdâtres, étaient perchés sur une pile mal agencée de tickets de courses de chevaux, sur un bureau bancal.

— Alors, Tim, qu'as-tu trouvé sur...

— Il va me falloir plus que cinq billets pour ces renseignements, Frank. Il me faut une petite prime de risque.

— Tout ce que je t'ai demandé, c'est de me trouver un tuyau sur l'endroit où Franz Henkel se cache.

Mon informateur haussa les épaules et tourna les yeux vers les fenêtres masquées.

— La plupart du temps, tu me demandes de te rencarder sur des gangsters et des voyous, et c'est déjà assez dangereux, mais là il a fallu que je fouine du côté de nazis et d'agents de la Gestapo, c'était autrement plus...

— Houla, attends. Henkel a des rapports avec la Gestapo?

— Je n'en suis pas sûr. Mais ce type fait partie de l'Association pour l'Amitié germano-américaine et de groupes dans le même genre et ça ne me rassure pas beaucoup.

— Aucune idée de sa cachette ?

O'Hearn prit une expression peinée et fit craquer l'articulation d'un de ses doigts.

— Je n'en sais trop rien pour l'instant, mais je t'ai trouvé un type qui lui le sait. En fait, il va falloir que tu traites directement avec ce fumier.

— C'est qui ?

— Il s'appelle Lionel Von Esh. Il est quelque chose comme machiniste aux studios Mammouth. C'est pas franchement un copain de ton Henkel, mais il sait où il se planque et il souhaite vendre l'info.

— OK, où est-ce que je trouve ce Von Esh ?

— Il fréquente le Siegfried's Rathskeller, un restaurant à Hollywood, en dessous de Cherokee Street, il paraît que c'est plein d'Allemands.

— Tu as vu ce type directement ?

— Non, mais le contact qui m'a donné ces renseignements est sûr, Frank. Fais-moi confiance.

Je me levai et pris mon portefeuille.

— Comment est-ce que je vais reconnaître ce Von Esh ?

— Il a des cheveux blonds qui tirent sur le roux. Une coupe genre schleu. Et il a une cicatrice en forme de *x* sous l'œil gauche.

Du bout de l'index, il traça un *x* sous son œil et me tendit la main. Je lui donnai un billet de cinq dollars.

— Continue de te renseigner sur le meurtre de Denker, lui dis-je. Vois ce que tu peux apprendre de nouveau.

— Entendu. Mais si les sections d'assaut nazies débarquent ici pour me tabasser, souviens-toi que tu m'as mal payé.

— Si jamais ils te tuent, j'ai une superbe couronne mortuaire qui peut encore servir.

À quatre heures de l'après-midi, je traversai le hall d'entrée lumineux du sanatorium de Golden Hills, portant une douzaine de roses rouges emballées dans du papier vert. Il m'avait fallu trois coups de fil auprès d'anciens collègues journalistes pour obtenir l'adresse. J'allai droit à l'accueil, où une grosse femme,

144

dans une blouse d'infirmière vert pâle, était assise, bras croisés et souriante.

— N'est-ce pas une belle journée que nous avons là ? demanda-t-elle.

— Vous avez absolument raison, répondis-je en souriant à mon tour.

— Bienvenue à la maison de repos de Golden Hills. Que pouvons-nous faire pour vous, monsieur ?

J'exhibai un peu mon bouquet.

— Je suis Albert Payson Terhune, président du Comité de visites aux membres malades de la Guilde des Scénaristes.

— C'est un bien beau métier que le vôtre.

— Effectivement. Nous venons d'apprendre qu'un de nos membres, Clair Rickson, est résidente chez vous sous le nom de Clarinda Raffles. Je suis venu pour lui remettre ce bouquet et lui présenter nos souhaits de...

— Dommage pour vous, coupa l'infirmière joviale. Votre ivrogne a signé le registre de départ à midi et elle est partie accompagnée d'un guignol un peu louche qui avait l'air d'en avoir un coup dans le nez lui aussi. Vous êtes de quel journal ?

— Je ne suis pas journaliste. Elle est vraiment partie ?

— C'est une maison de repos ici, nous ne gardons pas les gens contre leur gré. Vous n'êtes pas très finauds vous autres journalistes, si vous voulez mon avis. Vous êtes le troisième à être passé depuis qu'elle est sortie, dit-elle en posant un avant-bras gras sur le comptoir. Mais je dois dire que votre petite interprétation était la plus crédible et que ça aurait pu marcher si vous aviez choisi un autre nom. Plein de gens comme moi ont lu les histoires de Terhune quand ils étaient gamins.

— Et si j'avais choisi Richard Harding Davis ?

Elle secoua la tête.

— Trop connu lui aussi.

— Frank Denby ?

— Ça sonne bien. Un nom bien insignifiant. Gardez-le pour la prochaine fois.

— Aucune idée de la personne avec qui Clair Rickson est partie ?

— Il prétendait s'appeler Roger Connington.

145

Connington était un scénariste de troisième ordre qui travaillait de temps en temps pour la Mammouth.

— Il avait l'intention de la raccompagner chez elle?

— D'après ce que j'ai compris, j'ai plutôt eu l'impression qu'elle allait chez lui pour s'installer et vivre en ménage.

Je tirai une rose du bouquet et la lui tendis.

— Merci pour votre aide.

— À qui ira le reste des fleurs?

— Je comptais les donner à ma femme.

— C'est une excellente idée.

Elle posa la rose sur le sous-main du comptoir. Je fis demi-tour et m'en allai.

CHAPITRE 20

DE fait, le Stupéfiant Zanzibar ressemblait effectivement beaucoup à Edmund Lowe. Il se coiffait d'une raie au milieu du crâne, tout comme l'acteur, et portait lui aussi une moustache brillantinée. Le seul détail qui ruinait l'illusion était qu'il ne mesurait qu'un mètre cinquante-cinq.

Après qu'il m'eut serré la main, Nan lui lança un avertissement.

– Ne lui sors pas de pièces du nez, Larry.

Le magicien abaissa la main qu'il venait de porter à mon visage.

– Désolé, chérie.

– Il ne peut pas s'empêcher de faire ses tours, m'expliqua la secrétaire de Groucho.

Zanzibar, de son propre nez, fit tomber cinq ou six petites pièces de monnaie en cascade cliquetante.

– Nan est plus indulgente que beaucoup de gens, expliqua-t-il en faisant sonner les pièces entre ses deux mains.

Il était presque six heures de l'après-midi et je venais d'arriver dans le bureau de Groucho pour le voir. Nan m'informa qu'il était de l'autre côté de la rue, à l'épicerie fine Moonbaum, et qu'il allait revenir d'une seconde à l'autre. Je m'assis sur une chaise en rotin posée contre un mur du bureau, près d'un panier où Groucho conservait une sélection surprenante de magazines.

– J'ai de mauvaises nouvelles pour vous et pour Groucho, ajouta Nan.

Je reposai l'exemplaire de *Romances fermières* que je venais de prendre.

– À quel sujet ?

– De votre compétition avec Miles Ravenshaw. Dis-lui, Larry.

Zanzibar avala la cigarette qu'il venait d'allumer avant de me répondre.

– Ravenshaw et sa femme organisent une grande soirée de Noël samedi soir dans leur maison de Brentwood. Je fais partie des trois magiciens embauchés pour errer dans la maison et distraire les invités.

Comme s'il s'était mis à penser à autre chose, il commença à faire couler des œufs multicolores de la manche de sa veste. Nan fronça les sourcils et le rappela à l'ordre :

– Viens-en au fait.

Zanzibar envoya les cinq œufs vers le plafond et claqua dans ses mains. Les œufs disparurent.

– Ce que je voulais dire, c'est que Ravenshaw a l'intention d'annoncer la solution de l'énigme du meurtre de Denker au cours de la soirée.

Je pris une expression de scepticisme.

– Un coup de pub. Il n'a rien trouvé du tout. Vous savez ce qu'il a l'intention de dire ?

– Non, je ne fais que répéter ce que j'ai entendu.

Il éternua et commença à faire surgir de la pochette de sa veste plusieurs foulards de soie aux couleurs vives.

– Je savais bien que Houdini finirait par trouver un moyen de nous contacter depuis l'autre monde, dit Groucho en arrivant avec un sac en papier de l'épicerie. Des signaux de drapeaux, bien sûr.

– Groucho, je vous présente Larry Zansky, également connu sous le nom du Stupéfiant Zanzibar, dit sa secrétaire.

– Ravi de vous rencontrer, M. Marx.

Groucho posa sa main libre sur l'épaule du magicien.

– Mon garçon, quelles que soient vos intentions au sujet de cette jeune femme, je veux d'ores et déjà que vous me promettiez de ne jamais la scier en deux.

Le soir commençait à tomber lorsque Groucho s'approcha de la table de café au plateau de marbre qu'il conservait dans un des coins de son bureau privé. Il se coula sur une des chaises paillées et déboucha la bouteille Thermos qu'il avait ramenée de chez Moonbaum.

– Tu es bien certain, Raoul, de ne pas vouloir un peu de bortsch ? me demanda-t-il en faisant couler de la soupe violette dans son bol à céréales à l'effigie de Shirley Temple.

– Certain, oui.

J'étais face à lui, assis sur le rebord de son bureau. Il saisit un carré de pain azyme dans une boîte ouverte sur la table.

– Sais-tu que le bortsch contient toutes les vitamines et tous les minéraux essentiels ? Plus, si j'en crois un article très fouillé publié dans la dernière édition du *Lancet*, d'autres vitamines qui n'ont pas la plus petite chance de t'apporter le moindre foutu effet bénéfique.

Il cassait son pain en petits morceaux lorsque le téléphone sonna sur son bureau. Je pris le combiné et le tendit à Groucho qui se pencha pour le saisir.

– Crématorium et columbarium d'Hollywood, j'écoute. Comment ça, c'est de très mauvais goût, Zeppo ? Qu'y a-t-il de plus digne qu'une entreprise respectable ? Bon, je ne pense pas que tu aies investi dans un appel téléphonique pour gronder mes plaisanteries d'adolescente et pour... Tu as réussi ? Magnifique ! Attends, je prends note.

Je lui passai son stylo à encre et un bloc-notes qu'il posa sur ses genoux.

– Je t'écoute Zeppo... Sans blague ? Pas possible ? Non, je ne mets en doute ni tes propos ni le sérieux de tes sources londoniennes mais... Redonne-moi le nom du magasin. Bland's Book Emporium, sur Museum Street. Employé viré pour avoir piqué dans la caisse, dis-tu... Enrôlé dans une troupe théâtrale de province qui s'appelle ? Hannibal Swineford ? Ça devait être terriblement génial... Puis un chœur lyrique, puis des petits rôles dans le cinéma en Angleterre. Et puis un petit boulot rapide à Berlin au début des années trente. Mais jamais rien du genre séjour à Scotland Yard ? Oui je sais bien que c'est exactement ce que tu viens de me dire, cher frère, mais j'ai comme tu le sais l'habitude de répéter méticuleusement ce qu'on me dit pour bien m'en souvenir... Non je ne souffre pas de sénilité précoce. Pas plus que de... Oui, d'accord, je sais que tu es un homme occupé, Zeppo. Faire oublier que tu as entraîné tes frères dans un fiasco tel que *Panique à l'Hôtel* est certainement un travail à plein temps et... Non je plaisantais, je te serai éternellement reconnaissant. Je ne vis que pour atteindre le jour où je pourrai enfin te retourner le service. Bonsoir, doux Prince.

Il raccrocha et je le questionnai :

– J'ai cru comprendre que Miles Ravenshaw était encore plus charlatan que nous ne le supposions ?

– J'avais demandé à Zeppo de se renseigner auprès de ses contacts dans le théâtre en Grande-Bretagne au sujet du passé de Ravenshaw. Il vient de me faire son rapport. Ce cabotin n'est pas même passé devant les bâtiments de Scotland Yard lorsqu'il a pris la fuite de la librairie où il était comptable.

Il reposa son bloc-notes et se tourna vers sa soupe.

– Nous devrions faire connaître ces faits au grand public, et ce de la façon la plus éclatante possible, suggérai-je.

Groucho cassa un autre petit pain en deux au-dessus de son bortsch.

– Quelle meilleure scène pour notre petit exposé que la soirée de Noël offerte par Ravenshaw, Raoul ? dit-il l'œil brillant. Il suffirait que le Stupéfiant Zozobar nous aide à pénétrer dans les lieux en nous présentant comme ses assistants mystiques. Juste avant que le roi des cabotins fasse son apparition pour annoncer sa fausse solution de l'énigme, nous le démasquerons en révélant sa nature de tricheur. Ce sera un moment intensément dramatique, aussi dramatique que la rencontre du Titanic et de son iceberg.

Je me dirigeai vers le portemanteau surmonté d'un aigle en cuivre qui arborait une pelisse en raton-laveur, un châle des Indes, un vieux fez et un des casques coloniaux que Groucho portait lorsqu'il incarnait le capitaine Spaulding.

– Ravenshaw va peut-être nous étriller, Groucho. Imagine qu'il donne le nom du véritable meurtrier.

– Impossible.

– Imagine.

Pensif, Groucho ingéra trois cuillerées de bortsch.

– Dans ce cas nous devrons donner notre solution de l'énigme juste après avoir démasqué ce poltron et avant qu'il parle.

– J'espère que tu ne vas pas définitivement me classer parmi les pessimistes incurables, mais j'entrevois un obstacle à ton plan.

– Oui, moi aussi, ma petite Lulu. Nous n'avons pas encore une idée claire de l'identité du meurtrier.

– Bingo, j'avais songé au même petit inconvénient.

Groucho se leva et pointa un index vers le plafond.

– Nous devons impérativement et immédiatement, sinon plus tôt encore, comparer nos notes prises au cours de nos investigations respectives. Cela pourra peut-être nous amener près de la solution.

– Je n'y aurais jamais pensé, dis-je.

CHAPITRE 21

L'AFFICHE encadrée et accrochée au mur du bureau était celle d'*Une Nuit à l'Opéra*. Groucho s'y était adossé et se frottait les mains en émettant un gloussement de satisfaction.

– Ça y est, Raoul. Je crois bien que cette fois nous avons trouvé une solution plausible à toute cette affaire.

Je m'étais assis à son bureau pour prendre des notes sur son bloc.

– Ça m'en a tout l'air, oui. Mais nous sommes encore un peu à court de preuves, Groucho.

– OK. Passons en revue ce que nous avons et voyons s'il n'y a pas moyen de remplir encore quelques blancs, dit-il en commençant à compter sur les doigts de sa main gauche. D'abord, Marsha Tederow décide de tenter le chantage. Ça a été l'élément déclencheur, le premier domino à tomber qui a emporté tous les autres.

Il s'écarta du mur et commença à tourner en rond devant moi.

– Elle avait appris quelque chose sur quelqu'un et imaginé qu'elle allait en tirer de l'argent. Et qu'avait-elle trouvé ?

– Quelque chose concernant Helga Krieger, répondis-je sans consulter mes notes. Nous supposons qu'au début des années trente, quelqu'un de haut placé dans l'appareil nazi a décidé que le docteur Krieger devait venir aux États-Unis, probablement en prévision de futurs actes d'espionnage. Le seul problème était que, aux yeux de tous, elle était un soutien de Hitler, une nazie. Elle a donc perdu du poids, fait modifier son visage et endossé une toute nouvelle identité. Personne n'a soupçonné ici qui elle était en réalité et elle a pu attendre tranquillement que ses chefs la contactent depuis l'Allemagne.

— Et comment Marsha a-t-elle découvert le pot-aux-roses ? Où s'est-elle procuré les ouvrages du bon docteur Krieger ?

— À l'évidence, auprès de quelqu'un qui connaissait la super-cherie.

— Nous savons que Felix Denker, en Allemagne, est soudainement devenu assez riche pour régler ses dettes de jeu à l'époque où précisément le docteur Krieger a disparu de sa chère patrie, fit remarquer Groucho qui pliait un peu plus ses genoux en marchant. Il semble donc probable qu'il ait été approché par quelqu'un travaillant pour les nazis et qu'on lui ait proposé un arrangement. Vous nous aidez à faire entrer discrètement le nouveau modèle entièrement révisé du docteur Krieger et en échange nous vous donnons assez pour régler vos ardoises et même pour foutre le camp.

— Ce qui signifie qu'il n'était pas aussi anti-fasciste qu'il le prétendait.

— Oh, peut-être même n'était-il pas aussi juif qu'il le préten-dait, observa Groucho. Bon, en tout cas, il épouse une femme sensée être une historienne respectée nommée Erika Klein et émigre avec elle vers l'Eldorado. Peut-être qu'Erika est réelle-ment Erika, mais il est plus probable qu'elle soit Helga après une très bonne opération du nez.

— Impossible de prouver ça pour l'instant, dis-je, mais ça concorde parfaitement avec nos suppositions. Denker, qui n'a jamais beaucoup apprécié sa femme de paille, commence à courir le jupon. Il rencontre Marsha, s'amourache et lui confie sur l'oreiller que son mariage est une illusion montée par les nazis à des fins d'espionnage. Il lui montre les livres qu'il a cachés au grenier. Peut-être même lui suggère-t-il que le FBI pourrait utiliser la photo du visage en couverture pour la comparer avec la nouvelle frimousse d'Erika et prouver scienti-fiquement qu'il s'agit de la même femme. Or, il se révèle que Marsha est encore plus intéressée que Denker ne l'avait prévu et qu'elle entrevoit là un moyen de se faire un paquet d'argent. Si Erika est un important agent infiltré allemand, elle doit certainement être soutenue par des gens qui ont de gros moyens. Ses patrons de Berlin ne voudraient pas qu'elle soit

154

démasquée, ni même soupçonnée de ne pas être ce qu'elle a l'air d'être. Alors Marsha prend contact avec Erika et lui dit qu'elle ira voir le FBI si elle ne lui accorde pas une gratification régulière.

— La première fois qu'elle va voir Erika pour lui faire sa proposition, reprit Groucho, celle-ci perd son sang-froid, la traite de tous les noms et lui en colle une. C'est à cela qu'a assisté le docteur Watson en se rendant à un rendez-vous galant dans les coulisses du studio.

— Puis Erika réalise qu'elle doit réduire Marsha au silence. Elle lui laisse croire qu'elle va la payer. Ce qui explique le coup de fil pour l'inviter à rencontrer le cow-boy au Cutting Room.

— Le cow-boy fait semblant d'accepter les conditions de Marsha, dit qu'elle recevra son premier versement le lendemain par exemple et sort. Mais il l'attend dehors, la suit et pousse sa voiture hors de la route. Peut-être même descend-il dans le ravin pour vérifier qu'elle ne réussit pas à s'extraire de la voiture en feu.

— J'ai finalement pu jeter un œil sur le rapport de l'accident, dis-je. La police n'avait rien trouvé de suspect.

— Non, mais ils trouveront peut-être s'ils s'y penchent à nouveau, parce que le cow-boy est sûrement responsable de la mort de la fille.

— Et qui est-il ?

— Un autre agent nazi, à qui Erika a assigné cette tâche.

Je tapotai ma gomme sur le bloc-notes, car une idée m'était venue.

— Je me demande si Marsha avait déjà rencontré ce Gunther que tu as vu en allant rendre visite à Erika Klein.

— Mouais, si elle n'avait jamais vu le type, il aurait tout à fait pu s'affubler d'une perruque et de bottes western pour jouer le rôle de l'intermédiaire.

— Bon, quand Denker apprend que Marsha est morte, il réalise ce qui s'est passé. Il rumine et finit par se décider à aller se confier à son vieux copain le professeur Hoffman.

— Mais il comprend aussi, dit Groucho, que s'il envoie Erika en prison, lui-même n'aura pas très bonne presse auprès des autorités. Finalement, le lundi, il décide d'avoir une explication avec Erika. Il l'accuse d'avoir fait tuer sa maîtresse et, tant pis pour les conséquences, lui dit qu'il va la dénoncer. Ils conviennent d'un rendez-vous discret sur le plateau 221 B du studio deux. Mais, au lieu d'accepter d'être livrée à la police, Erika descend Denker – probablement avec son propre revolver – et le laisse assis dans le fauteuil de Sherlock Holmes. Et c'est pourquoi Denker a tenté de dessiner une croix gammée avant de mourir. Il voulait désigner un nazi infiltré. La seule chose qui ne colle pas dans tout ça, c'est qu'Erika a signé le registre de sortie des Studios au moins deux heures avant que Denker soit abattu.

– La Mammouth n'est ni l'Île du Diable ni Alcatraz, dis-je. Elle a très bien pu revenir discrètement pour son rendez-vous.

– Tout le scénario tient la route, Raoul. Mais, comme tu l'as si sagement fait remarquer, nous n'avons pas la moindre preuve à nous mettre sous la dent.

Je me levai et commençai à marcher dans son sillage circulaire.

– Suppose que nous trouvions Franz Henkel, suggérai-je. Nous le présentons aux flics et nous prouvons qu'il n'a pas pu tuer Denker. Ça convaincrait le sergent Norment de s'intéresser à Erika et à nos hypothèses sur...

– Très bien, nous allons choper Henkel. Je passe te prendre à ta maison vers neuf heures et demie et nous irons faire un tour au Siegfried's Rathskeller en affichant un air candide et joyeux de mangeurs de choucroute. J'irai même jusqu'à porter ma cravate de goy et... Les lettres !

– Hein ?

– Qui a écrit ces lettres de menaces dont la chère Erika m'a donné des copies ?

Il poussa un sprint jusqu'à son bureau et arracha presque un tiroir dans lequel il saisit un dossier.

– Si Henkel n'est pas le tueur, alors peut-être n'a-t-il pas non plus écrit ces lettres. Si elles sont fausses, les experts pourront dire...

– Peut-être sont-elles de la main d'Erika, suggérai-je. Laisse-moi les montrer à Jane, elle a un talent particulier pour repérer les graphies et les styles d'écriture. Ça n'aura rien d'officiel mais...

– Parfait, cours les donner à ta bourgeoise, dit-il d'un ton déterminé. Demain aux funérailles, je trouverai une combine pour me procurer un exemplaire de l'écriture manuscrite de la chère veuve. Et puis, tant que j'y suis, je ramasserai la petite monnaie qu'il doit y avoir entre les coussins des sièges du fourgon mortuaire.

Au moment où je m'engageai dans l'allée de ma maison, la porte d'entrée s'ouvrit violemment et Jane courut vers moi.

Je pilai, éteignis le moteur et sortis précipitamment de la voiture.

– Quoi ? Qu'est-ce qui se passe ?

Elle était pieds nus et portait un peignoir jaune court.

– Tout va bien ? Tu n'as rien ? demanda-t-elle en traversant la pelouse pour venir m'enserrer fortement dans ses bras.

– Pour autant que je sache, je vais bien, oui, répondis-je avec enthousiasme. Tu t'attendais à autre chose ?

Elle commença à rire, s'arrêta puis me serra à nouveau.

– Je crois que je me suis un peu inquiétée. Après avoir lu le mot qu'ils ont laissé.

– Bon, du calme. D'abord rentrons, d'accord ?

– J'ai appelé le bureau de Groucho mais sa secrétaire m'a dit que tout le monde était absent pour la journée.

Je passai mon bras sur ses épaules et l'emmenai dans l'allée vers la lumière de l'entrée.

– Tu n'es pas beaucoup vêtue.

– Je viens juste de sortir de la douche et j'ai entendu un bruit à la porte, expliqua-t-elle alors que nous passions le seuil. J'ai vu une feuille de papier pliée qu'on glissait sous la porte.

– Bon sang, j'espère que tu n'as pas ouvert.

– Non, mais j'ai regardé à travers les stores. Il n'y avait personne et pas de voiture non plus.

– Bon, en tout cas, rassure-toi : personne n'a essayé de me tuer.

Je remarquai une feuille de papier posée sur la table basse du salon. Je la ramassai.

– C'est la note dont tu parles ?

Jane hocha la tête et, ouvrant largement la bouche, respira profondément deux fois.

– Vas-y, lis.

C'était écrit à la main, en majuscules. « FRANK DENBY TU MOURRAS SI TU T'OCCUPES DE CE QUI NE TE REGARDE PAS. ET TON AMI JUIF AUSSI. »

— Groucho dirait que c'est bon signe. Ça veut dire que nous leur faisons peur.

— Et moi, ils m'ont fait peur.

Je reposai la feuille sur la table et la calai avec un des petits chats de cristal que la tante de Jane persistait à nous envoyer régulièrement de Fresno.

— Assieds-toi sur le canapé et reprends ta respiration, je reviens te montrer quelque chose que j'ai laissé dans la voiture.

— Tu crois que je fais une crise d'hystérie ?

— Je me sens flatté qu'il y ait au moins une personne au monde qui s'inquiète autant pour moi.

— J'ai réagi de la même façon quand tu as eu la grippe en août.

— Au moins la grippe ne glisse pas de messages d'avertissement sous votre porte. C'est d'ailleurs dommage car ça permettrait de s'y préparer.

Je sortis pour prendre le dossier emprunté à Groucho et revins dans le salon.

— Qu'est-ce que c'est ?

— Des menaces écrites supposées avoir été envoyées à Felix Denker et Erika Klein, dis-je en les disposant à côté de celle qui me concernait. Même écriture, non ?

Bras croisés sur son ventre, Jane se pencha pour les comparer.

— Je dirais que oui, Frank. Qui a envoyé les autres ?

— Erika affirme que c'est le technicien Franz Henkel.

— Ah non, certainement pas, dit-elle en secouant la tête. C'est une femme qui a écrit tout ça.

— Tu peux déterminer ça en fonction de la forme des caractères ?

— N'oublie pas que ça fait partie de mon métier de tracer des caractères. Et puis j'ai étudié la graphologie. Ces lettres ont été tracées par une femme qui voulait se donner un air coriace.

— Ça collerait avec notre théorie, dis-je en m'asseyant par terre juste à côté d'elle. Tu sens bon les fleurs des champs.

— Mince, tu es le neuvième homme à m'en faire la remarque aujourd'hui.

— Je vois que ton côté moqueur a ressurgi, dis-je en grognant. Ce qui signifie que tu t'es ressaisie.

— La peur force à l'humour. Tu m'expliques ta théorie ?

Je lui fis un exposé détaillé de ce que Groucho et moi avions trouvé, avant de conclure par notre projet.

— Nous avions l'intention d'aller dans un repère d'Allemands du côté d'Hollywood pour tenter de prendre contact avec un type louche censé savoir où Franz Henkel se cache. Mais s'il y a des gens qui traînent près d'ici, je ne veux pas te laisser seule ni...

— La solution est simple : j'y vais avec toi.

— Le Siegfried's Rathskeller n'est pas un endroit où tu aimerais aller.

— Je suis sûre que ça m'amusera. Ils ont sûrement un orchestre bavarois exotique et nous pourrons danser. Tu ne m'emmènes presque plus danser maintenant que nous sommes mariés.

— Mon pas de l'oie est un peu rouillé, dis-je avec une mimique qui annonçait ma défaite. Mais d'accord, tu peux m'accompagner. Toutefois, j'exige deux choses.

— Tes désirs sont des ordres. Je suis d'humeur très accommodante.

— D'abord il faudra que tu sois prudente. Ensuite il faut que tu t'habilles.

CHAPITRE 22

— C'EST bon signe, dit Groucho. Ça veut dire que nous leur faisons peur.

Il se tenait debout, jambes écartées, au milieu de notre salon, la lettre de menaces dans les mains. Il portait une veste ressemblant de loin à du tweed et un chapeau qu'il nous avait affirmé être de style tyrolien.

— J'ai l'impression que tu souffres d'une indisposition respiratoire, mon enfant, dit-il à ma femme tout en me rendant la lettre.

— Je pense que je suis allergique aux plumes, répondit-elle tandis que je lui passais son manteau sur les épaules. Plus spécialement aux plumes aussi ridicules que celle que tu as fichée dans le ruban de ton chapeau.

Il joignit ses mains en croisant les doigts sur son cœur et se dressa sur la pointe des pieds.

— Ô joie ! Ô félicité ! s'exclama-t-il. Je me sens enfin réellement membre à part entière de ta famille, Raoul. Ta charmante épouse m'insulte de cette même délicieuse manière qu'emploient mes quatre lourdauds de frères, ma présente femme et mes enfants.

Jane s'approcha de lui et le prit dans ses bras.

— Je n'insulte que les gens pour qui j'ai de l'affection. Et crois-moi, ton chapeau est vraiment ridicule.

— C'est une pièce de mon déguisement, dit-il en se dégageant d'un air gêné. J'ai l'intention ce soir de m'introduire hardiment dans cette place forte germanique sous l'apparence d'un brasseur autrichien en vacances.

— Oui, je suppose qu'il doit y avoir tout de même un petit

nombre de brasseurs autrichiens portant des chapeaux grotesques.

Il redressa les épaules et claqua des talons.

– Permission de changer de sujet, maman. Frank m'a dit que tu avais eu une vision perspicace concernant la personne qui a rédigé notre collection grossissante de missives de menaces.

– Je suis juste certaine que Franz Henkel n'en est pas l'auteur.

J'allai au miroir posé sur notre cheminée pour vérifier mon nœud de cravate.

– Tu en es certaine, demanda-t-il ?

– Les deux lettres que tu as données à Frank et celle qu'on a glissée sous notre porte ont toutes été écrites par une femme. La même femme.

– Ça veut dire qu'Erika Klein en est peut-être l'auteur. Et donc que Franz Henkel est un bouc émissaire, ou un hareng saur, ou une autre bête mythologique du même genre. Raison de plus pour aller se renseigner sur ce que ce type a exactement à voir dans cette affaire.

– C'est drôle, dis-je en contemplant mon image. Je viens de réaliser que je ressemble moi aussi à un brasseur autrichien. Nous devrions pouvoir nous glisser incognito à l'intérieur du Siegfried's Rathskeller.

Groucho s'avança en se dandinant jusqu'à la porte et l'ouvrit.

– D'autant plus que Jane a tout de Miss Walkyrie. Allez les gamins, il est temps de monter sur le ring et d'affronter l'adversaire.

Le restaurant Siegfried's Rathskeller offrait un grand espace bruyant et crûment éclairé, garni d'une cinquantaine de tables et de deux centaines de clients. Dans le large hall d'entrée, à droite, une peinture à l'huile, presque grandeur nature, représentait Adolf Hitler dans une de ses majestueuses poses de Führer et un autre portrait de Bismarck, de taille équivalente. Sur une scène logée tout au fond du restaurant, un orchestre débordant d'enthousiasme jouait. Deux tubas, deux cornets à pistons, une grosse caisse, une série de cymbales et un piccolo. Tous les membres de la formation, des costauds, étaient rouges et transpiraient abondamment sous l'effort musical. Ils portaient des culottes courtes à bretelles, des vestons brodés et des chapeaux rouges. Les garçons de salle étaient bâtis et habillés de la même façon, à l'exception des chapeaux, et les filles qui servaient au comptoir arboraient des nattes blondes, des corsages sans manches sur des jupes rustiques. Toute la salle baignait dans la chaleur et la fumée, l'odeur dominante étant celle de la saucisse frite.

Trois des tables longeant le mur de droite étaient occupées par un groupe d'hommes aux cheveux très courts portant un uniforme paramilitaire. Ils riaient en entrechoquant de temps à autre leurs chopes. Il y avait aussi des familles et des couples mangeant de copieux repas et buvant des bières de différentes variétés.

– Je crois que j'ai bien fait de ne pas épingler mon étoile de David à ma boutonnière, me glissa Groucho à l'oreille.

Un garçon de salle vint nous escorter jusqu'à une table près de la piste de danse qui était bondée. Une fois assis et le garçon parti, Jane dit d'un ton calme :

– Ça n'aurait peut-être effectivement pas été une bonne idée, Groucho.

– En fait j'aurais tout à fait pu, répondit-il en pointant son index sur le menu qu'il venait d'ouvrir. Ils disent ici qu'ils ne proposent de pogroms que les vendredis et samedis soir.

Je glissai des regards précautionneux aux tables alentour. Personne ne semblait faire attention à nous.

– Je suppose qu'il ne serait pas très adroit de commander de la carpe farcie, renchérit Groucho.

– Du calme, dit ma femme en posant une main sur celle de Groucho.

– Rassurez-vous, les enfants, j'ai établi une liste des choses que je m'abstiendrai de dire tant que je serai dans cet antre sacré. Je ne ferai aucune remarque concernant les casques à pointe, la charcuterie et Wagner.

Le garçon revint nous voir et nous demanda avec un fort accent notre commande.

– Vous n'auriez pas par hasard été la doublure de Charlie Chaplin ?

– Trois bières s'il vous plaît, coupai-je avant que le serveur réagisse.

— Tout de suite.

Jane rapprocha sa chaise de la mienne.

— J'ai un petit peu peur. Ce tableau avec Hitler, ces types avec leurs brassards à croix gammée... Ce n'est pas très rassurant.

— J'avoue que moi-même je ne suis pas très à l'aise, reconnut Groucho. Tu as repéré Von Esh, Frank?

— N'oublie pas que je n'ai jamais vu ce type, pas même en photo. Il paraît qu'il est mince, avec des cheveux blonds courts et une cicatrice en forme de x sous l'œil.

— Avec notre chance, il y aura ici ce soir une réunion de duellistes de la faculté d'Heidelberg qui auront tous des cicatrices en forme de x.

— Peut-être qu'il y a une autre façon de procéder, dit Jane. Tu devrais rappeler O'Hearn, ton informateur et...

— Attendez, dis-je en désignant du menton la droite. À la petite table, près de la famille qui attaque le plat de saucisses rouges. Je crois que c'est lui.

Groucho tourna lentement son regard dans la direction que je venais d'indiquer.

— Mince, cheveux blonds courts, la cicatrice requise, et il fait semblant de ne pas nous voir.

— O'Hearn lui a donné une description de nous deux, Groucho. Dès que nos verres seront arrivés, j'irai le voir. Je resterai à sa table quelques minutes, le temps d'acheter l'adresse dont nous avons besoin. Toi et Jane pouvez rester ici.

— Voilà une astucieuse idée, dit Groucho. Ce sera plus discret que d'y aller tous ensemble et l'affaire traînera moins longtemps. De plus...

— Groucho Marx! Sacré fils de pute! Tu en as du culot de venir ici.

Une voix forte venait de retentir à droite de notre table.

CHAPITRE 23

Jack O'Banyon était un grand type à la mâchoire large et au visage buriné au milieu duquel on voyait un nez cassé au moins deux fois. Il se tenait debout, les poings sur les hanches, et laissait tomber sur Groucho un vilain sourire.

O'Banyon était spécialisé dans les rôles de soldat et de mercenaire. Lorsque les directeurs de casting ne pouvaient pas engager Victor McLaglen, ils prenaient O'Banyon. Ses plus beaux succès avaient été *La Charge de la Mitrailleuse lourde* en 1936, et *Pas de Mauviettes à la Légion étrangère* en 1937. En 1933, il y avait eu quelques rumeurs quant à ses chances d'obtenir une nomination aux Oscars pour *Les Scaphandriers ont la vie dure*, mais ça avait raté. Politiquement, il était ce qu'on pourrait appeler un fasciste tendance brute. Il avait, un an auparavant, enrôlé une troupe d'acteurs aussi pourvus en cervelle que lui dans une brigade baptisée «Les Chemises d'Argent». Ils s'habillaient en uniforme, s'astreignaient à des marches militaires et obligeaient des chevaux à supporter des manœuvres de cavalerie grotesques.

Ce soir, l'acteur était en tenue. Chemise argentée, bottes et culotte de cheval noires, un brassard rouge cramoisi avec une croix de Malte dans un rond blanc.

– Tu ne m'as pas entendu, Julius ?

Groucho leva les yeux vers lui, alluma un cigare et souffla de la fumée.

– Ton unité de boy-scouts a été appelée sous les drapeaux, Jack ?

Toujours souriant, O'Banyon se rapprocha. Derrière lui, je vis trois autres chemises d'argent coude à coude.

Dans l'une d'elle, je reconnus Warren Sawtell. Il tenait, serré contre son flanc droit, quelque chose qui me semblait bien être une vilaine matraque.

— Ici, c'est mon repaire, Groucho, et on n'aime pas trop y voir des Juifs. C'est déjà assez moche que vous dirigiez le show business, on ne tient pas en plus à vous croiser en ville.

— Laisse tomber les politesses, intervint Sawtell. On n'a qu'à leur botter le cul et puis c'est tout.

— Inutile d'être brusque, Sawtell, dit O'Banyon en posant les mains sur le dossier de la chaise de Groucho. Tu vois, ce Juif-là est un fervent défenseur de la démocratie et de la liberté d'expression. Il donne beaucoup de son argent de Juif à la Ligue contre le nazisme et aux communistes, et à ceux qui s'opposent aux vrais patriotes comme Franco, en Espagne. Non, tout ce que nous devons faire, tu vois, c'est d'utiliser notre liberté d'expression pour le convaincre qu'il aurait intérêt à décamper à toute vitesse. Mais pas la peine d'être méchant. Pas pour l'instant.

— Au diable ton laïus, insista Sawtell en se rapprochant de la table. Il n'a pas le droit d'être là, ils n'auraient jamais dû le laisser entrer.

J'avais l'impression que mon estomac s'était recroquevillé, que je pouvais entendre battre mon cœur et que ma gorge était aussi sèche que du papier de verre. J'avalai ma salive à plusieurs reprises puis me levai en me tournant vers Sawtell.

— Les gars, je crois que vous devriez aller vous chercher une table libre. À moins que vous ne préfériez aller danser ensemble. Enfin faites ce que vous voulez du moment que vous ne nous embêtez pas.

Je vis le front de l'acteur se plisser en plusieurs lignes profondes.

— Tu me traites de tapette ?

— Je vous prie de m'excuser, j'ai été abusé par vos pantalons moulants. Ou alors c'est votre parfum aux fleurs sauvages.

Jane éleva tranquillement une main pour saisir la mienne.

— Frank, pourquoi ne sortirions-nous pas d'ici ?

Groucho se leva et approuva d'un signe de tête.

— Je crois qu'elle a eu là une idée brillante, Raoul. De toute façon, nous ne pourrons pas faire ce pour quoi nous étions venus, maintenant.

Le seul obstacle qui nous empêcha de faire ainsi fut le fait que Sawtell, grognant sous ses dents serrées, se précipita sur moi. C'était bien une matraque qu'il tenait.

— Frank! cria Jane en repoussant sa chaise pour se mettre debout. La chaise vacilla puis tomba à la renverse.

Par chance, mes cinq années dans la police m'avaient un peu appris à préserver ma santé. Je fis un pas de côté en évitant son bras et envoyai mon pied entre ses jambes. Il poursuivit son élan et s'écroula sur notre table qui s'effondra à son tour. Sawtell heurta le plancher du côté droit du visage, rejoint par le cendrier et la nappe qui s'étendit sur lui comme une cape. Je me penchai et envoyai trois coups de poing à l'endroit où je calculai que son menton devait se trouver. Bonne pioche, l'acteur poussa un petit soupir plaintif et s'immobilisa.

Je me relevai en m'appuyant d'une main sur le sol lorsque j'entendis Jane crier.

— Un autre, Frank!

Je me retournai juste à temps pour voir une chemise d'argent amorcer un coup de botte en direction de mes côtes. Je me laissai tomber sur le côté pour esquiver son attaque. Il frappa dans le vide, ce qui eut pour effet de lui faire perdre l'équilibre. Avant qu'il ait eu le temps de se ressaisir, Jane avait attrapé sa chaise au sol et l'avait jetée vers lui, comme un dompteur aurait fait avec ses gros chats.

Le type miaula et s'affala lourdement sur le dos, à côté de Sawtell toujours inconscient.

O'Banyon venait de plonger sa main dans sa poche. Groucho lui attrapa le bras.

— Jack, je crois que nous avons eu assez d'exercice physique pour aujourd'hui. Si nous continuons ainsi, quelqu'un va finir par appeler la brigade anti-émeutes.

Après quelques secondes de hargne mal contenue, O'Banyon lança un ordre :

— Ça suffit les gars, on les laisse tranquilles.

Groucho souleva son chapeau tyrolien.

— Je vous remercie infiniment.

O'Banyon sourit cette fois comme si ses dents avaient été soudées.

— Barre-toi, Youpin, et ne reviens pas.

J'allai prendre Jane par le bras et la guidai à travers la foule vers une porte de sortie située sur un côté de la salle. Cette fois, nous attirions bel et bien l'attention des clients. Groucho nous suivait, honoré çà et là d'une insulte ou d'un affront, auxquels il opposait un sourire aimable et une réponse invariable :

— Je suis sincèrement désolé mais nous ne sommes pas en mesure présentement de satisfaire aux demandes d'autographes.

Je remarquai au passage que le type qui devait être Von Esh avait quitté sa table. Groucho me jeta un regard.

— L'orchestre ne va pas tarder à jouer la *Chevauchée des Walkyries*, et il y a là-bas des braves petits gars en uniforme qui commencent à nous regarder bizarrement, Raoul. Faisons diligence.

Juste avant d'atteindre la sortie, le garçon qui avait pris notre commande nous rattrapa.

— Monsieur, quelqu'un m'a donné ça pour vous.

Il me glissa une feuille pliée de papier bleu pâle.

— Merci, répondis-je en la plongeant dans ma poche avant de lui donner deux pièces de vingt-cinq cents.

J'ouvris la porte de l'épaule.

— Passe devant, Jane.

Je plaquai une main sur son dos et la poussai au-dehors dans la nuit brumeuse. Au moment précis ou Groucho allait franchir le seuil, une bouteille de bière lancée depuis la foule fit tomber son chapeau.

— Décidément, personne n'a l'air de le trouver beau, commenta-t-il avant de passer devant moi.

J'allais le suivre lorsqu'on m'attrapa fermement par le bras et qu'on me tira en arrière.

— Fumier, tu ne crois pas que tu vas t'en sortir comme ça ?

C'était un type en uniforme de l'Association pour l'Amitié germano-américaine. Un grand blond maigre. Il transpirait et avait les yeux vitreux. Je me dégageai de sa prise, lui plantai un coup de genou dans l'aine. Le type hurla, se plia en deux et se mit à sautiller en reculant. Je détalai.

Au-dehors, Jane était revenue pour voir ce qui m'avait ralenti.

— Ça va ?

Je lui pris la main.

– Cours.

Groucho était un peu plus loin sur le trottoir. Lorsqu'il nous vit, il se retourna et pressa le pas vers l'endroit où nous avions laissé sa Cadillac. Depuis la porte d'entrée du club, quelqu'un cria :

– Dehors, les Youpins !

Tandis que nous courions, je jetai un rapide coup d'œil en arrière. Quatre ou cinq malabars occupaient le seuil de la porte mais aucun ne nous prit en chasse. Je décidai de m'abstenir de leur tirer la langue.

– Certainement pas la sortie la plus gracieuse que j'ai faite, commenta Groucho quand nous le rejoignîmes. Mais je tiens à dire que tu es assez adroit avec tes poings, Raoul.

– Je crois que le moment d'une retraite précipitée serait bien choisi, Groucho.

Il s'assit au volant tandis que Jane et moi prenions place sur la banquette arrière. Il démarra, desserra le frein à main et exécuta un demi-tour dans la rue.

– Les enfants, je dois reconnaître que venir au Siegfried's Rathskeller ce soir aura été une erreur tactique.

– C'est probable. Mais c'est autant ma faute que la tienne.

Jane passa un bras autour de ma taille et posa sa tête sur ma poitrine.

– Tu n'as rien de cassé ? Tu es sûr ?

– Non, tout va bien. Merci pour le coup de main avec la chaise.

– J'ai vu Clyde Beaty faire ça au cirque une fois. Pas avec un nazi mais avec un lion. La procédure reste la même.

Depuis la banquette avant, Groucho nous demanda :

– Où allons-nous ? Maintenant que nous avons raté notre rendez-vous avec...

– Le message !

Je sortis la feuille bleue de ma poche et la dépliai. J'allumai la lumière du plafonnier. « C'est trop dangereux ici. Retrouvons-nous au Ebbtide Café, Venice, 11.30 ce soir. V.E. »

CHAPITRE 24

L'Ebbtide Café était isolé près d'une étendue de plage, dans les faubourgs de Venice. Le brouillard de la nuit nous enveloppa, Groucho et moi, alors que nous marchions sur le gravier blanc du petit parking. On entendait des cornes de brume au loin.

— Tous les jeunes mariés ont des chamailleries, dit Groucho d'un ton consolateur. Ma femme et moi en avons de si acérées que l'entreprise des rasoirs Gillette nous a proposé de les sponsoriser pour une diffusion à la radio.

— Si j'ai fait ça, c'est parce que ce rendez-vous avec Von Esh pourrait bien être dangereux, et je me suis dit que...

— Comment ça, dangereux?

Il venait de s'arrêter de marcher et me saisit le bras.

— Peut-être que tu aurais dû me déposer moi aussi avec Jane.

Nous reprîmes notre marche vers le café. Celui-ci avait dû être construit avec des morceaux de bois échoués sur la plage. Malgré son insistance, j'avais laissé Jane chez une de ses amies à Bayside. J'avais eu beau lui dire que je ne voulais pas qu'elle prenne de risques, elle n'avait pas eu l'air d'être impressionnée.

— C'est une femme très indépendante, dis-je en poussant la porte du café.

— Tu peux même dire qu'elle est originale et inventive lorsqu'il s'agit d'inventer des remarques désobligeantes et, en tant qu'ancien enfant de chœur, je t'avoue que j'ai été choqué par ses mots. Il ne m'a pas souvent été donné l'occasion d'entendre en société des expressions telles que «cornichon» ou «tête de mule». Du moins dans la société que je fréquente.

Von Esh n'était pas là. Il n'y avait que quatre tables et un

171

comptoir. Une fille aux cheveux à la Jean Harlow était la seule cliente et elle occupait la table la plus éloignée de l'entrée. Lorsque nous entrâmes, elle leva les yeux de l'exemplaire de *Photoplay* qu'elle lisait, regarda sa montre et se replongea dans son magazine. Derrière le comptoir, un jeune type, assez gros, portant un treillis kaki et un tee-shirt blanc, était assis. Face à lui, un billot de boucher servait de support à une machine à écrire de voyage sur laquelle il tapait avec ses index.

Groucho et moi prîmes place au comptoir. Il tapa une dernière ligne, se leva d'un bond et vint vers nous.

— Qu'est-ce que ce sera ?

— Je suppose que vous n'avez plus de choux à la crème ni de religieuses au chocolat ? demanda Groucho.

— Groucho Marx ! Pas possible.

Le barman venait de se redresser en souriant.

— À mon avis, c'est le destin qui vous a amené ici ce soir, M. Marx.

Il montrait du doigt sa machine à écrire. Groucho fit claquer ses doigts.

— Laissez-moi deviner : vous avez écrit une pièce.

— Un scénario de film. Je venais juste de finir la scène finale quand vous êtes arrivé.

— Depuis les temps ancestraux où les Marx ont quitté notre belle Écosse pour aborder ces rivages inondés de soleil, notre clan s'est donné pour règle de vie de ne jamais lire de script de film, mon brave.

— Je comprends votre point de vue, concéda le jeune type. Mais est-ce que je pourrais juste, enfin, vous donner les grandes lignes, histoire d'avoir votre avis en tant que professionnel ?

Groucho leva les yeux vers le plafond taché par l'huile de friture.

— Uniquement si vous pouvez résumer tout votre baratin en vingt-cinq mots, ou moins.

Le jeune gars sourit.

— Je vais essayer, dit-il en versant deux tasses de café. OK, voilà le topo. Une jolie fille hérite d'un oncle excentrique qu'elle n'a jamais connu. C'est une ligne de bus et elle fait le voyage du Midwest jusqu'en Californie pour faire tourner l'affaire. Elle a plein d'aventures amusantes, tombe amoureuse du propriétaire

172

de la ligne concurrente et déjoue les tentatives de malfrats qui veulent utiliser ses bus pour faire de la contrebande. À la fin elle devient riche et se marie. J'ai appelé ça *Le Bus de l'Amour*.

Groucho se racla la gorge avec application.

– Ah, c'est dommage. Encore une comédie sur le thème j'hérite-d'une-ligne-de-bus. Une de plus.

Il secoua tristement la tête, d'un air de sympathie affligée.

– Ça me fait de la peine de devoir vous le dire, mon ami, mais il y a au moins une demi-douzaine d'histoires similaires qui sont en cours de production au moment même où je vous parle. Pas vrai, Raoul?

J'approuvai:

– La MGM est en train de tourner une comédie musicale dans laquelle Jeanette McDonald hérite de la compagnie de bus Greyhound et entretient une relation d'amour orageuse avec le beau conducteur de bus joué par Nelson Eddy.

– Authentique. C'est Rudolf Friml qui a composé la musique. En outre les Lane Sisters se préparent à jouer dans *Les Quatre Conductrices de Bus* pour la Warner, et puis Edgar Bergen vient de signer avec Alice Faye à la Century Fox pour un film comique où la marionnette d'un ventriloque hérite d'une gondole vénitienne. Pas un bus, mais presque. Et puis, bien sûr, tout le monde sait que Tim McCoy est déjà en train de tourner dans un film où une jeune femme reçoit en héritage une ligne de diligence.

– Bon sang, je crois bien que j'ai refait la même erreur, dit le serveur d'un ton découragé. Il y a quelques années, j'avais eu une super idée d'un riche play-boy qui se faisait passer pour un majordome et...

– Ah, le voilà, coupa Groucho.

La porte venait de s'ouvrir et Von Esh, imperméable noir et béret noir, de surgir du brouillard nocturne. Il nous fit un rapide signe de tête avant de se diriger vers une table. Groucho se tourna à nouveau vers le serveur.

– À votre place, je changerais mon histoire pour que la fille hérite d'une ligne de chemin de fer.

– Hé, mais c'est une excellente idée ça, M. Marx, merci beaucoup.

– Oui, effectivement.

Il prit sa tasse et se leva pour rejoindre notre informateur. J'allai m'asseoir avec lui face à Von Esh qui nous parla le premier, à voix basse :

— Tout cela est très dangereux pour moi.

— Attendez d'avoir goûté au café, dit Groucho. Là, vous aurez vraiment peur.

— Ça va vous coûter cinquante dollars, pour savoir où Henkel se planque.

— Vingt. C'était le prix convenu, dis-je.

— Ça c'était avant toute cette violence au Rathskeller.

— Ça n'était tout au plus qu'une petite querelle, dit Groucho. Vous autres aryens aimez bien ce genre de distraction en principe.

— Trente, dis-je.

Von Esh se pencha en avant et posa ses coudes sur la table.

— Quarante.

— Trente-cinq.

Il eut une petite plainte résignée.

— Bon, d'accord. Je ne tiens pas beaucoup à rester ici pour me disputer avec vous.

Il tendit la main au-dessus de la table, paume vers le plafond.

Groucho me donna un petit coup de coude.

— Refile à ce larron ta petite monnaie.

Il y avait quarante et un dollars dans mon portefeuille.

— Où est Henkel ? demandai-je en tendant les trente-cinq requis.

Il plia les billets et les enfouit profondément dans une des poches de son imperméable. Puis il tira une serviette en papier du distributeur fixé au mur et griffonna avec son stylo à encre. Sans rien ajouter, il poussa la serviette vers moi et se leva. Je lus une adresse, dans une rue de Venice. Von Esh venait de relever le col de son imper et de sortir de l'Ebbtide Café.

Groucho saisit la feuille pour l'étudier.

— Ça n'est pas très loin d'ici.

— Encore du café ? demanda le serveur.

— Non merci. La première tasse devrait nous suffire pour tuer les cafards qui courent sur le plancher.

Derrière les voies rapides, à Venice, une partie de la ville avait été construite, quelques années plus tôt, dans l'idée de la faire ressembler à Venise. Des canaux de dix ou quatorze mètres de large avaient été creusés qui menaient à l'océan. On avait lancé des petits ponts sur ces canaux et les maisons et villas faisaient face à l'eau. Ils n'avaient jamais vraiment réussi à recréer le charme de la vraie Venise et les canaux étaient maintenant remplis d'une eau stagnante où flottait tout ce qu'on y avait jeté et qui n'avait pas coulé. Beaucoup de maisons étaient délabrées et les terrains des alentours étaient soit marécageux soit couverts de mauvaises herbes.

La maison dans laquelle Henkel était supposé se terrer était située sur une parcelle éloignée d'à peine trente mètres de l'océan. Il n'y avait pas de lumière aux fenêtres et aucune voiture garée dans les environs.

Groucho gara sa Cadillac à un pâté de maisons, dans la rue étroite qui passait derrière la villa.

— J'espère que ce n'est pas un piège. Le quartier a l'air miteux et propice aux ennuis.

J'ouvris la boîte à gants pour y prendre une lampe-torche.

— Nous devrions peut-être essayer de rentrer discrètement dans la villa.

— Tu crois que ce serait plus efficace que de nous précipiter dans la baraque en hurlant « Rendez-vous, vous êtes cernés » ?

— Probablement, répondis-je en m'extirpant de la voiture.

Groucho sortit aussi dans le brouillard. Lorsque je le rejoignis, il se plaignit :

— Bon Dieu, je ne pensais pas que j'aurais à marcher sur des sables mouvants.

De fait, le sol recouvert d'herbe était spongieux. Nous marchions difficilement, suivant une barrière qui longeait le terrain de la maison. Arrivés à quelques mètres de la porte de derrière, nous nous accroupîmes pour écouter, cachés par deux poubelles de fer cabossées. Des cornes de brumes beuglaient au loin et des chats, dans le bas de la rue, semblaient occupés à la guerre ou à l'amour. Mais aucun bruit ne venait de la maison.

— Je propose de nous hasarder à pénétrer dans ces lieux pour vérifier si notre insaisissable technicien n'y dormirait pas paisiblement, murmura Groucho.

Je fis oui de la tête et m'avançai jusqu'à la porte. La serrure était d'un modèle courant et me sembla aisée à crocheter. Lorsque je saisis la poignée pour l'actionner précautionneusement, elle tourna sans résister. Je poussai donc la porte dont les gonds grincèrent faiblement.

— Mauvais signe, soufflai-je à Groucho. Traditionnellement, un huis non barré signifie que les intrépides enquêteurs sont sur le point de découvrir un cadavre ensanglanté ou six étrangers menaçants qui vont les capturer au filet pour les vendre à un harem.

Je m'accroupis pour franchir le seuil obscur, m'arrêtai dans l'entrée quelques secondes et écoutai. Pas de bruit mais l'odeur de bière éventée et de friture était forte. Je me risquai à allumer ma lampe en la dirigeant vers le sol.

— À l'attaque, Raoul, dit Groucho en me poussant légèrement du coude.

Je suivis l'ovale de lumière de ma lampe qui avançait sur le linoléum, jusqu'au salon de la villa.

— Il y a un corps sur le sol, dit Groucho. À droite, là-bas.

Il poussa ma main pour orienter la lampe.

— Ah, pardon. C'est juste un tas de vêtements.

Soigneusement pliés sur un tapis fin, un pantalon noir, une chemise de travail bleue, un maillot de corps et un caleçon rayé côtoyaient une paire de chaussures de chantier de grande taille.

Épinglée à la chemise, une note.

Je m'agenouillai et la lus.

« Je ne puis plus vivre avec ce poids sur ma conscience. J'ai décidé de m'ôter la vie. Quand vous lirez ces mots, j'aurai marché vers l'océan pour y nager jusqu'à l'épuisement et la noyade. J'ai tué Felix Denker. Puisse Dieu me pardonner. Franz Henkel. »

— Pratique, dit Groucho en allant s'asseoir sur un canapé dont les ressorts protestèrent mollement.

— Effectivement, convins-je. Ça met un terme à l'énigme et à la recherche de Henkel.

Je pris mon mouchoir pour détacher et prélever la feuille.

— Même écriture que les autres spécimens de notre collection.

Je la pliai et la glissai soigneusement dans une de mes poches.

— Ne pensez-vous pas, Inspecteur, qu'il conviendrait de laisser cette note ici? Il s'agit, après tout, de ce que l'on pourrait appeler une « déposition ».

— Ça ferait trop les affaires d'Erika Klein et de ses amis, répondis-je. Sans cette note, tout ce que les gens trouveront ici, c'est un tas de linge.

— Dommage que ces chaussures ne soient pas à ma pointure, on les aurait fauchées aussi.

Il se leva.

— Payons tribut au dieu de la minutie, Raoul, et fouillons la baraque.

— Soit, mais nous n'apprendrons rien selon moi. Je doute que Franz Henkel se soit réellement caché ici.

Nous consacrâmes une heure à aller et venir dans la villa. Sans rien trouver.

CHAPITRE 25

G ROUCHO bâilla.
— Si je m'endors au volant, recouvre-moi avec le plaid qui est sur la banquette arrière.

Il baissa sa vitre de quelques centimètres et un courant d'air frisquet tourbillonna dans la voiture.

— Ah, quelques bonnes poumonnées d'air marin empoisonné d'iode vont me ragaillardir, matelot.

Des cornes de brume retentirent à notre gauche. Je bâillai à mon tour :

— Je repensais à ce type qui était derrière le comptoir au Ebbtide.

— Des pensées décentes, j'espère.

— Nous avons essayé de le convaincre d'abandonner son scénario – ce qu'il a probablement fait – mais son idée de départ était foutrement proche de notre *Cendrillon prend le volant*.

— Les idées de départ, on en trouve à la pelle. Ce qui compte c'est la chair qu'on colle dessus.

— Mais peut-être qu'après tout notre idée est banale et...

— Nous sommes à Hollywood, capitale mondiale de la banalité.

Je haussai les épaules.

— Oui, peut-être que je manque de confiance en moi-même. Surtout depuis notre rendez-vous avec Lew Marker, l'autre jour.

— Jeune homme, je vais t'envoyer un exemplaire de mon prochain livre à paraître : *Gardez le moral, même si vous êtes mort*. Il ferma sa vitre. Lew Numéro Deux est, et je dis cela au risque d'offenser tous les crétins de Californie du Sud, un crétin.

— Oui, mais un crétin qui a le pouvoir d'approuver notre script.

— Me permettras-tu un petit conseil paternel ?

— Envoie.

— Fais tes devoirs tous les soirs, tonds le gazon une fois par semaine et cesse de t'inquiéter parce que tu gagnes moins que ta femme en ce moment.

— C'est vrai que ça m'irrite.

— Je l'avais deviné. Principalement parce que tu m'en parles du matin au soir, sans compter les heures supplémentaires.

— Bon, je vais continuer à avoir foi en *Cendrillon prend le volant.*

Après un moment de silence, je repris la parole.

— Mais tu ne crois pas qu'il faudrait retoucher notre scénario pour changer le...

— Non, surtout pas, mon petit. En son état actuel, c'est une gemme de la plus pure eau. Je ne sais pas ce que l'expression veut dire exactement mais je sais qu'il ne faut plus toucher au script.

Je me dis qu'il avait raison, bâillai et m'endormis.

— Foutaises, dit Jane.

Nous étions dans la cuisine de notre maison et il n'était pas loin de deux heures du matin. Après être passé la prendre, Groucho nous avait déposés et était retourné à Beverly Hills. J'étais en train de préparer une casserole de chocolat chaud. Jane, bras croisés, était adossée au réfrigérateur.

— C'est un instinct vital, avançai-je, depuis la nuit des temps, le mâle cherche à protéger sa compagne du danger.

— Et qui te protège toi, cornichon ? Tu as déjà réussi à te faire assommer, à recevoir des menaces de mort et à presque te faire écharper par une horde de nazis.

— Ce n'était pas une raison pour te laisser nous accompagner à Venice, Jane. Nous ne savions pas ce que nous pourrions y trouver ni...

— Non, ça ne tient pas la route. Toi et Groucho n'avez pas essuyé de coups de feu à Venice, d'après ce que tu m'as dit, et même vous n'avez rencontré personne. J'aurais donc parfaitement pu y aller au lieu de jouer aux cartes avec Elena

Sederholm et son mari ennuyeux et un voisin de palier triste à mourir qui s'appelle Sears Roebuck et qui...

– Personne au monde ne s'appelle Sears Roebuck.

– Enfin qui s'appelle d'un nom qui ressemble à ça quand il le bafouille. Aucune importance. Le vrai problème c'est que j'ai eu une soirée insipide tandis que vous, vous aviez rendez-vous avec des espions allemands et...

– Les cartes ont probablement été plus excitantes que toute notre soirée. Pense juste que je t'aime et que je ne voulais pas qu'il t'arrive quelque chose de mal.

– Encore des salades.

– C'est reparti.

Je retirai la casserole fumante du feu.

– Tu t'excuses ? demanda Jane.

– À genoux.

– Alors je prendrai une tasse de chocolat avec toi, dit-elle en souriant. Et même j'irai jusqu'à dormir dans le même lit que toi.

– Nom d'un chien.

CHAPITRE 26

G ROUCHO, courbé sous un parapluie noir, marchait sur le parking du cimetière Peaceable Woodlands de Glendale, en direction du salon funéraire. Il n'était pas loin de dix heures du matin et une pluie lourde tombait depuis plus d'une heure maintenant.

Le salon était petit et son allure rappelait une église qu'on aurait pu voir dans un village irlandais un siècle plus tôt. Sur une étendue de gazon, de l'autre côté de la rue, la police avait disposé une douzaine de barrières et cinq flics, en uniformes et cirés réglementaires, contenaient une centaine de fans de cinéma, venus aux funérailles de Felix Denker dans l'espoir d'apercevoir fugitivement une ou deux stars. La plupart avaient des parapluies, même si certains utilisaient, en guise de couvre-chefs, des exemplaires du *Los Angeles Times*.

Le sergent Norment, dans un imperméable gris, coiffé d'un chapeau large, se tenait devant les curieux. Il fumait une cigarette, les yeux fixés sur l'entrée du salon.

En arrivant près des marches de faux marbre, Groucho vit Irene Dunne et Randolph Scott. Une rumeur de plaisir naquit dans la foule et un adolescent avec un chapeau confectionné dans un journal tenta de passer la barrière. Il en fut empêché.

D'un petit bosquet de cyprès, un homme alerte protégé par un parapluie à carreaux écossais appela :

— Groucho, puis-je vous parler ?

C'était Conrad Nagel, l'acteur chéri du public.

— Conrad, qu'est-ce qui vous fait sortir par un temps pareil ?

— On m'a demandé de prononcer le panégyrique de notre cher Felix Denker.

– Votre talent d'orateur ajoutera à la solennité de l'office.

L'acteur posa une main sur la manche trempée du manteau de Groucho avant de s'éclaircir la gorge.

– J'espère sincèrement ne pas vous apparaître soupçonneux mais... enfin... dans le passé, plus précisément l'année dernière au cours de cette désastreuse soirée au Kahn's Egyptian Palace, vous avez interrompu une de mes présentations.

– C'était uniquement pour révéler le nom d'un meurtrier et le livrer à la justice.

Le vent tourna subitement, leur jetant la pluie en plein visage. Nagel poursuivit :

– Mais vous n'avez pas l'intention de dévoiler l'énigme du meurtre de notre pauvre Felix ici ce matin, non ? Vous n'allez pas surgir au cours de ma récitation et...

– Conrad, je vous l'assure, vous ne saurez pas même que je suis présent. Pas avant que je prenne mon banjo, en tout cas.

L'acteur éleva les sourcils et recula d'un pas sous l'effroi.

– Un banjo ?

– Ah, il semble qu'on ne vous ait pas encore informé des dernières volontés de Denker. Vous ne saviez pas qu'il souhaitait un adieu dans le style en vigueur à la Nouvelle-Orléans ? Un orchestre de jazz a été engagé pour le conduire à sa dernière demeure et on m'a demandé, ce que j'ai trouvé flatteur, de prendre place parmi les musiciens. On m'a même prié d'exécuter un solo au banjo, instrument que je n'ai abordé, je le reconnais, que très récemment grâce à une institution de cours par correspondance basée à Milwaukee, Wisconsin.

– Vous dites qu'un orchestre de jazz va jouer dans...

– Miff Mole et son grand orchestre sont attendus d'une minute à l'autre, oui.

– Miff Mole ?

– Miff Mole et ses Braillards de Bourbon Street, un groupe qui monte.

Groucho consulta sa montre puis jeta des regards aux alentours.

– Ils ne devraient plus tarder maintenant.

– Un... Un orchestre va gâcher mon...

– Vous savez quoi, Conrad ? Je vais tâcher d'intercepter Miff avant qu'il entre et je lui ferai promettre de ne pas faire jouer ses gars avant que votre prestation soit tout à fait achevée. Ça vous va ?

Nagel hocha vaguement la tête et prit la direction de la synagogue.

Groucho remarqua que seul le corbillard était garé devant le bâtiment. Le véhicule qui avait amené Erika Klein devait probablement se trouver derrière.

Alors qu'il allait gravir les marches glissantes, il entendit quelqu'un dans la foule interroger ses voisins.

– C'est qui ?

– Personne, répondirent certains.

Il s'arrêta net, dévala les marches, fit quelques pas vers l'assistance et plaça ses mains en porte-voix.

– Vous êtes des ignares : je suis Louise Brooks. Ça vous la coupe, hein ?

– Groucho Marx ! cria l'adolescent avant de tenter à nouveau le franchissement de la barrière.

Avant d'entrer, Groucho replia son parapluie et le cala sous son aisselle. Une fois à l'intérieur, il resta en arrière pour observer l'assemblée. Erika Klein était assise au premier rang, près du crâne rasé de Gunther. Elle portait une robe noire simple et agitait sous son nez un mouchoir blanc en dentelle. Groucho marcha droit vers elle.

Au milieu de l'allée centrale, il entendit un léger sifflement et stoppa. George Raft, assis, lui faisait signe. Il se pencha et l'acteur lui glissa à l'oreille :

– J'adore votre idée d'une ligne de bus. Lew Marker m'a parlé du rôle.

– Merci beaucoup. Je suis ravi que jouer un rôle travesti en femme ne vous ait pas effrayé, répondit Groucho en lui tapotant l'épaule.

Puis il alla prendre la main froide d'Erika Klein et lui parla du fond du cœur :

– Mes condoléances les plus attristées, ma chère.

Il remarqua qu'elle ne semblait pas avoir de sac à main.

– Je n'avais pas réalisé avant aujourd'hui à quel point sa disparition me...

Il s'arrêta, tira de sa poche un mouchoir dans lequel il se moucha abondamment en poussant de petits sanglots.

– Pardonnez-moi, Erika, je ne pensais pas que l'émotion me ferait m'épancher autant.

Il s'éloigna et poussa une petite porte latérale. Ce qui l'amena, comme il l'avait prévu, près du petit parking situé derrière le bâtiment. Une seule limousine, noire, brillante sous la pluie battante, était garée. Celle d'Erika certainement. Personne aux alentours.

Il rouvrit son parapluie, se dirigea innocemment vers la voiture et saisit la poignée d'une portière arrière. Elle s'ouvrit et il jeta un coup d'œil. Un grand sac à main noir était resté sur la banquette, à côté d'un exemplaire du *Los Angeles Times*.

Cinq minutes plus tard il sortait du véhicule, muni d'une feuille annotée par Erika et, pour faire bonne mesure, d'une autre due à la main de Felix Denker. Il avait remisé le tout, plié avec soin, dans la poche intérieure de son manteau.

La porte par laquelle il était sorti s'était apparemment refermée derrière lui et il dut revenir à l'entrée principale. Alors qu'il gravissait à nouveau les marches, quelqu'un cria de la rue :

– C'est encore Groucho.

Quelqu'un dans la foule corrigea :

– Non, cette fois, c'est Harpo, je reconnais sa façon de marcher.

Groucho prit place sur une chaise dans le fond de la salle. On avait déposé le cercueil, recouvert de fleurs. Il s'intéressa une fois de plus aux personnes présentes, sans réussir à repérer Miles Ravenshaw, qu'il s'était pourtant attendu à trouver, probablement costumé en Sherlock Holmes et posant près du cercueil.

Il retint subitement son souffle. Dans un coin, à dix rangées de chaises devant lui, il venait de reconnaître Von Esh, le si peu fiable informateur.

Dashiell Hammett ouvrit la porte et nous lança un regard mauvais.

– Merde, qu'est-ce que vous voulez ?

Maigre, les cheveux gris, il se tenait debout sur le seuil de sa maison de Westwood, bâtie dans le style Tudor. Il tenait dans sa main gauche un verre à moitié plein de whisky à l'eau.

186

— Je suis bien chez monsieur Roger Connington ?

— Oui, et alors ?

— Je suis venu voir Clair Rickson.

— Qu'est-ce qui vous fait croire qu'elle a la moindre envie de vous voir ?

— Je lui ai parlé au téléphone, il y a une heure. C'est elle qui m'a invité à passer la voir à onze heures.

Hammett scrutait maintenant Jane, des pieds à la tête.

— Et elle, c'est qui ?

— Ma femme et...

— Je lui sers aussi de potiche, parfois, coupa Jane. Et puis je suis très bonne en sténo. Pourquoi n'iriez-vous pas dire à mademoiselle Rickson que nous sommes là, monsieur Hammett, avant d'aller vous préparer une bonne tasse de café noir ?

Il aboya d'un rire court.

— Pour qui elle se prend, elle ? Elle croit qu'elle peut tout se permettre, dire aux hommes ce qu'ils doivent faire. Je plains le mari.

Je lui répondis calmement.

— Et moi je plains votre plexus solaire pour ce qui risque de lui arriver si vous ne nous laissez pas entrer pour...

— Merde, Dash, qu'est-ce que tu fous encore, espèce d'abruti ? dit une voix derrière Hammett.

— T'occupe pas de ça, Clair, je suis juste en train de dire à un v.r.p. et à sa nana de foutre le camp.

Une grosse femme aux cheveux noirs, dans un kimono japonais, venait d'apparaître. Elle tenait elle aussi un verre à cocktail mais semblait plus sobre que son compère.

— Ah, bonjour Frank.

Hammett tourna les talons et fit retraite dans la maison en marmonnant une dernière réplique pour Jane :

— La prochaine fois que tu cherches à m'insulter, poulette, tâche de le faire avec moins de clichés.

Clair se rapprocha de nous.

— *La Clé de verre* est le meilleur polar écrit depuis le début du siècle, mais maintenant que Dashiell sort avec cette salope de Hellman, il n'arrive plus à écrire une ligne. J'ai beau lui dire de la renvoyer chez Arthur Kober, il ne m'écoute pas. Trop borné.

Il y avait des poutres au plafond du salon, et une cheminée qui avait la taille requise pour rôtir des sangliers. Sur les murs de stuc, trois grandes tapisseries représentaient des pèlerinages religieux de l'époque de Chaucer.

Hammett, verre à nouveau plein, était affalé dans un fauteuil en cuir, les pieds posés sur une table basse. Roger Connington, allongé sur le ventre, dormait sur un canapé. Son bras droit était étendu sur un coussin, les doigts à quelques centimètres d'un verre renversé qui avait laissé s'écouler un peu d'alcool sur le tapis.

– Le pauvre Roger a un début de grippe, expliqua Clair. Le rhum l'aide un peu à guérir.

– Il a l'air d'aller bien, dit Jane.

– Vous êtes la femme de Frank, chérie ?

– Pour le moment oui, mais nous sommes à Hollywood, ça peut changer d'un jour à l'autre.

Clair sourit, un peu tristement.

– Moi aussi j'ai été belle et radieuse. Mais c'était...

Elle prit la main de ma femme.

– Venez les enfants, allons dans la tanière de Roger pour discuter.

Sur le plancher du couloir sombre où nous la suivions, des vêtements gisaient çà et là, comme retombés après que ceux qui les portaient se furent dématérialisés par magie. En les esquivant, je faillis mettre le pied sur une bouteille vide de gin Tanqueray. La tanière en question était une pièce haute de plafond, dont trois murs étaient recouverts par des étagères de bibliothèques. Elles ne contenaient pourtant aucun livre et la seule chose qui reposait sur les plans poussiéreux était une poupée de Betty Boop à qui il manquait une oreille.

Lorsque Clair se laissa tomber sur le sofa de cuir, les coussins émirent un bruit lourd. Elle soupira.

– Quelle vie.

Je choisis un fauteuil et Jane s'assit sur l'accoudoir en posant une main sur mon épaule.

– Comme je te l'ai dit au téléphone, Clair, Groucho et moi...

– Comment va-t-il ?

– Très bien. Il doit en ce moment être aux funérailles de Denker. As-tu parlé à la police, au sergent Norment ?

— Bien sûr. Mais je n'avais pas grand-chose à lui raconter, dit-elle en prenant une grande gorgée de son cocktail. Au moins, j'ai l'impression qu'on ne me soupçonne de rien. Toi et Groucho avez une idée de qui a tué Felix ?

— On cherche. Qu'est-ce que tu faisais sur ce plateau ce soir-là, Clair ?

Elle haussa les épaules, ce qui fit tinter les glaçons dans son verre.

— Je n'en sais foutre rien. Je m'étais engueulée avec Roger et j'ai picolé. Tout ce dont je me souviens après ça, c'est que je me suis réveillée dans le décor du pub avec ma bouteille de scotch.

— À quelle heure y es-tu allée ?

— C'est exactement ce que ton copain flic voulait savoir. Ça devait être vers deux ou trois heures du matin.

— Soit bien après la mort de Denker.

— Je n'ai pas vu le corps, je n'ai rien entendu, rien de rien. Je crois que j'ai traîné sur le plateau parce que ça ressemblait à un saloon. Je me suis assise parce que j'allais mal et je me suis soûlée jusqu'à m'écrouler. Lorsque le matin est venu, un médecin de la police m'a réveillée en me mettant des sels sous le nez.

— C'est toi qui a écrit le script du *Sherlock Holmes*. Tu venais souvent sur le plateau ?

— Parfois mais pas souvent. Je suis censée rédiger une imbécillité qui s'appelle *La Malédiction des Zombies* en ce moment, alors je dois faire semblant d'être au bureau le plus souvent possible.

— C'est un ami à nous qui va jouer le grand prêtre vaudou dans le film.

— Enery McBride, dit-elle en souriant. Un type bien et un très bon acteur.

— Est-ce qu'Erika Klein allait souvent rendre visite à son mari pendant qu'il tournait ? demanda Jane.

— Quand j'étais dans le coin, je ne l'ai vue qu'une ou deux fois. Clair fronça les sourcils. Groucho et toi vous pensez que c'est elle qui a buté son mari ?

— Elle est sur notre liste de suspects. Quel genre de conversations avaient-ils quand...

— Je ne l'ai jamais entendue dire « un de ces soirs je vais vous descendre, mon cher ». La plupart du temps, elle se plaignait qu'il ne lui ait pas envoyé un chèque pour ses dépenses ou lui disait que sa veste avait besoin d'un séjour au pressing. Des remarques banales, rien de grave.

— Tu parlais souvent avec Denker ?

— Avant qu'il mette notre projet au placard, oui, très souvent.

— Un projet ? Un autre film ?

— Non, Felix avait eu l'idée de publier ses mémoires. Il voulait raconter sa vie et sa carrière passée en Allemagne. *Un Réalisateur dans l'Allemagne nazie*, c'était notre titre de départ. On parle beaucoup de Hitler et d'une possible guerre mondiale depuis quelque temps. Ça se serait bien vendu.

— Il voulait que vous l'aidiez à l'écrire ? demanda ma femme.

— Oui, le pauvre n'était pas très à l'aise en anglais. Il prévoyait de me dicter ses souvenirs, en se basant sur son journal.

Je me levai.

— Denker tenait un journal ?

— C'est ce qu'il m'a dit. Il a écrit chaque jour que Dieu fait entre 1925 et 1933.

— Tu l'as vu ce journal ?

Elle secoua la tête.

— Personne ne l'a vu, Frank. Il m'en a juste parlé. Chaque fois que je lui ai demandé de me laisser jeter un œil à ses cahiers fantômes, Felix m'a répondu qu'il n'était pas prêt à laisser quiconque les ouvrir. Il disait que ça contenait beaucoup de choses personnelles qu'il ne voulait pas divulguer au public. Même la fois où je lui ai dit que je lisais mal l'allemand, il a refusé.

— Où sont ces cahiers ?

— Dieu seul le sait.

— Il les gardait chez lui ?

— Non. Je crois qu'il ne voulait pas qu'Erika mette la main dessus. Il a dû les conserver quelque part, mais je n'ai jamais su où.

— Mais Erika savait qu'ils existaient ?

— Elle devait sûrement le savoir puisqu'il écrivait tous les jours.

– Pourquoi a-t-il abandonné l'idée de publier ces mémoires ?

– Je ne sais pas vraiment. Un jour, il m'a simplement dit qu'il avait décidé d'arrêter, que ce n'était pas une bonne idée. J'ai eu l'impression que quelque chose lui faisait peur, mais je ne sais pas quoi. Dommage, ça aurait été intéressant de...

Le téléphone sonna sur le bureau de Roger Connington. Clair se leva dans un grognement et décrocha.

– Salut Ray.

Elle écouta quelques secondes.

– Oui, ça ne m'étonne pas de lui. Je lui transmets le message. À la prochaine.

Elle se mit à crier vers le couloir.

– Dash, espèce de fumier irresponsable ! Ray Chandler vient de me dire que tu avais rendez-vous avec lui et Erle Garner pour déjeuner en ville il y a plus d'une heure.

– Qu'ils aillent se faire foutre ! répondit Hammett.

CHAPITRE 27

LE cercueil descendait l'allée centrale. Sous la pluie, il fut chargé dans le corbillard en prévision des cinq cents mètres à parcourir pour atteindre la tombe de Denker, en bas de la colline.

Le cortège funèbre s'était assemblé et commençait à sortir de la petite synagogue au charme vieillot.

Groucho était resté dans la dernière rangée de chaises, les yeux fixés sur Von Esh. L'informateur ne se joignit pas à la procession. Après avoir laissé les gens passer devant lui, il se leva et s'avança dans la direction opposée. Il pressa soudain le pas vers une porte latérale et sortit. Groucho, presque accroupi, se faufila entre les sortants pour remonter l'allée. Alors qu'il sortait, Von Esh remontait d'un pas pressé la colline vers son sommet.

L'intention de Groucho était de discuter avec celui qu'il suivait, d'apprendre qui lui avait suggéré de nous envoyer découvrir la fausse confession de suicide. Arrivé à son tour au sommet de la colline, il ne vit plus Von Esh. Devant lui s'étendaient les parcelles les plus coûteuses du cimetière : des pierres tombales décorées se suivaient sur près d'un hectare où le marbre et les anges ailés abondaient. Des bosquets de saules pleureurs surgissaient par endroits sur l'herbe.

Le vent se prit dans son parapluie et le tira vers la gauche, l'obligeant à un pas de côté. Il repéra à nouveau au loin Von Esh qui courait presque le long d'une travée de tombes et se lança à sa poursuite. Il passait devant une imposante statue de l'ange Gabriel lorsqu'il entendit un bruit bizarre, suivi d'un déclic. Un morceau d'une des ailes déployées de l'ange vola en éclats dont un qui vint rebondir sur la tête de Groucho.

Il laissa s'envoler son parapluie et plongea sur l'herbe détrempée.

Un seconde balle arracha le nez d'un chérubin décorant une tombe, à moins d'un mètre de l'endroit où il était allongé.

Nous remontions Bayside Boulevard pour rentrer chez nous et la pluie commençait à se faire plus forte.

— Tu veux t'arrêter pour déjeuner quelque part ? demandai-je à Jane.

— Quelle honte, pour Hammett.

— Tu penses encore à ça ?

— J'ai lu *Le Faucon maltais* quand j'étais étudiante. J'avais adoré.

— Tu aurais dû le lui dire. Il aurait peut-être fait vœu de tempérance.

— C'est un grand roman.

— Il arrive de temps en temps qu'un alcoolique écrive un grand roman. C'est un phénomène que Darwin a découvert il y a quelques années.

— Tu es encore en colère parce qu'il a été impoli avec moi ?

— Il a été impoli avec tout le monde.

Elle se tut. La pluie battait le toit de la voiture. Les pneus crissaient sur la chaussée mouillée.

Elle se mit à pleurer lentement.

— J'ai dit quelque chose qui t'a blessée ?

Elle secoua la tête, renifla.

— Non, toi tu es parfait.

— Merci du compliment. Pourquoi pleures-tu alors ?

— Il m'a rappelé mon père.

Je cherchai son regard.

— Tu ne m'as jamais beaucoup parlé de lui.

— Non, pas beaucoup.

— Je sais qu'il buvait un peu.

— Il buvait comme un trou. Un véritable alcoolique.

— Ça, je ne le savais pas. C'est un peu étrange puisque nous sommes mariés.

Elle prit un mouchoir bordé de dentelle dans son sac à main. S'essuya les yeux. Se moucha. Le roula en une petite boule.

– Un jour je te dirai tout sur mon père, Frank. Mais pas aujourd'hui.

– Comme tu veux.

Devant nous, le feu venait de passer au rouge. Je pilai et la voiture s'immobilisa à hauteur d'un kiosque à journaux. Sous l'auvent vert et blanc un crieur rameutait le client. Jane baissa sa vitre.

«Dernières nouvelles! Sherlock Holmes a disparu.»

– Je crois qu'il faudrait acheter un journal, suggéra Jane.

Groucho s'aida de ses coudes, gardant l'estomac plaqué au sol, pour parcourir les quelques mètres qui le séparaient d'une crypte où il espérait trouver refuge. «C'est l'endroit idéal pour casser sa pipe, pensa-t-il. Il n'y aurait plus qu'à jeter mon corps sans vie dans une tombe. Ça réduirait considérablement les frais et...»

Une autre balle passa au-dessus de sa tête. Ce qui en la circonstance signifiait à cinquante centimètres du sol. Elle fit sauter un chiffre gravé sur une tombe derrière lui. Une année de naissance était désormais suivie d'une date de décès peu crédible.

– D'ordinaire, à la foire, on n'a droit qu'à trois tirs pour vingt-cinq cents.

Il sentait le froid et l'humidité l'atteindre maintenant. Une urne de cuivre sauta de la pierre tombale devant laquelle il passait, s'envola en tourbillonnant et alla frapper un ange de marbre.

– Ce qui nous fait cinq tirs pour l'instant, mais pas de peluche gagnée, heureusement.

Quelque part, cette fois venant de sa droite, il entendit deux coups de feu.

Il accéléra sa reptation et se coula dans l'entrée de la crypte.

Des bruits de pas de course résonnèrent sur le sol. Trois coups de feu supplémentaires retentirent. Il ne lui sembla pas qu'il en était la cible cette fois-ci.

– C'est vous qui êtes lâchement planqué là-dedans, Marx?

Groucho laissa passer quelques secondes avant de risquer un coup d'œil au-dehors.

— Sergent Norment, de la maréchaussée de Burbank, quelle heureuse surprise ! lança-t-il en sortant sur le seuil. Avez-vous abattu le bougre qui me tirait dessus ?

— Non, il a décampé. Quand nous avons entendu les coups de feu, j'ai déserté la cérémonie d'enterrement pour venir voir ce qui se passait.

Il regarda pensivement Groucho.

— Apparemment, vous avez encore ennuyé quelqu'un.

— C'est la seule explication, sergent. Puisque la saison de la chasse au Marx n'ouvre que dans trois mois à peu près.

— Aucune idée de la raison pour laquelle on veut vous tuer ? demanda-t-il en s'asseyant sur une pierre tombale.

— À part *Panique à l'Hôtel*, vous voulez dire ? répondit Groucho en écartant les bras, paumes vers le ciel. Aucune idée. Je mène une vie si irréprochable qu'aux dernières nouvelles le pape envisageait de me canoniser sous le nom de saint Julius.

— Les nazis et les membres des sections d'assaut avec qui vous vous êtes bagarrés hier soir chez Siegfried n'auraient pas gardé une dent contre vous, par hasard ?

— Bah, pensez-vous. Ce n'était que de la chamaillerie d'adolescents.

— Et je suppose que vous ne vous êtes pas approché assez près de la solution du meurtre de Denker pour devenir dangereux pour quelqu'un ?

— Je ne suis qu'un inoffensif amateur, comme vous me l'avez vous-même fait remarquer.

— Les amateurs se font tuer aussi, Marx. Puisque vous avez laissé passer l'occasion de jeter une poignée de terre sur le cercueil de Denker, que diriez-vous de me laisser vous escorter jusqu'à votre voiture pour que vous partiez ?

— C'est là une excellente suggestion, dit Groucho en passant son bras sous celui du policier. Je ne sais pas pour vous mais, moi, chaque fois que je me promène sur plusieurs centaines de corps morts, j'ai des frissons terribles. Spécialement après que quelqu'un armé d'une carabine a cherché à me descendre.

CHAPITRE 28

— **B**ONJOUR, ici Richard Harding Davis, du *Denver Post*. Puis-je parler à mademoiselle McLeod ? dis-je à la secrétaire qui prenait ses appels.

— Elle n'est pas dans son bureau, en ce moment, monsieur Davis.

— Savez-vous quand elle sera de retour ?

— J'ai peur que non. Souhaitez-vous qu'elle vous rappelle à votre rédaction ?

— Je ne suis pas non plus à mon bureau. Je tenterai de la rappeler. Merci.

Lorsque je raccrochai, Jane me demanda depuis son atelier de dessin.

— Ton ancienne chérie adorée n'est pas là ?

— Non. Je crois qu'il va falloir que j'essaye de la joindre dans le petit nid d'amour où je l'ai installée.

Je composai son numéro personnel. On décrocha à la cinquième sonnerie mais ce n'était pas sa voix.

— Domicile de mademoiselle McLeod, j'écoute.

Probablement sa bonne.

— Puis-je lui parler, s'il vous plaît ?

— Elle n'est pas encore rentrée. Voulez-vous que je prenne un message ?

— Dites-lui que Richard Harding Davis veut la joindre. Elle a mon numéro.

Je raccrochai et me levai du canapé pour aller traîner du côté de la table à dessin de ma femme.

— Encore raté.

— Quand tu la joindras, elle te confirmera ce que nous pensons, et rien de plus.

— Probablement, oui. Mais j'aimerais bien entendre Mary Jane me dire elle-même : « Oui, c'est juste un coup de pub. Parce que Ravenshaw n'a pas la moindre idée de qui est le coupable. »

— Il n'y a pas d'autre explication. Il n'a rien à annoncer au cours de sa soirée, alors il va prétendre avoir été enlevé par les forces du Mal.

— Ça ressemble fort au genre de truc que Ravenshaw et Randy Grothkopf, le chef de la publicité de la Mammouth, inventeraient pour se sortir d'affaire, oui. Sherlock va se terrer pendant quelques jours puis réapparaître pour déclarer qu'il vient de réussir à fausser compagnie à ses kidnappeurs.

— Groucho et toi, vous pensez que c'est Erika Klein la meurtrière, dit-elle en reposant son crayon à dessin. Mais elle ne s'en prendrait qu'à quelqu'un dont elle jugerait qu'il est un danger pour elle. Personne ne peut raisonnablement classer Miles Ravenshaw dans cette catégorie.

Je contournai son bureau pour venir à côté d'elle.

— C'est juste. D'après ce qu'en disent les journaux, Ravenshaw aurait quitté sa maison ce matin, après avoir dit à sa femme qu'il se rendait aux funérailles de Denker. Il semble qu'il n'y ait pas fait d'apparition et personne ne l'a vu ailleurs.

— Parce qu'il est allé se cacher, conclut Jane. Est-ce que je me trompe ou bien as-tu un doute ? Tu crois que Sherlock Holmes a vraiment pu être enlevé ?

— Je ne sais pas. Mais je ne veux pas commettre l'erreur de ne pas envisager la possibilité qu'il l'ait été. Tous les détectives et tous les reporters agissent de même. Vérifier toutes les hypothèses.

— Eh bien, le grand amour de ta vie éclairera ta lanterne dès que tu auras réussi à le joindre.

— Écoute, ce n'est pas parce qu'une fois dans ma vie j'ai eu quelques ébats avec Mary Jane McLeod dans un motel que tu dois lui donner le titre de...

Le téléphone sonna.

Jane décrocha.

— Allô ? Non, il est vêtu des pieds à la tête pour l'instant,

Groucho, bien qu'il vienne juste de revenir d'une partie de jambes en l'air dans un motel.

Elle écouta silencieusement pendant quelques secondes.

— Oui, nous sommes au courant pour la soi-disant disparition de Ravenshaw. Non, nous ne savions pas qu'on avait essayé de te tirer dessus.

Elle fronça les sourcils et me tendit le récepteur.

— Qui a essayé de te tirer dessus, Groucho ?

— Nous offrons une récompense de cent dollars en liquide et deux cents dollars en sous-vêtements grivois à la personne qui nous donnera la réponse. La réponse devra être envoyée à l'huissier désigné avant la date limite, le cachet de la poste faisant foi.

Il me narra ses ennuis survenus au cimetière.

— J'ai toutefois réussi, avant que l'exercice de tir au pigeon débute, à chiper quelques jolis spécimens d'écritures manuscrites. J'aimerais assez que ta bourgeoise à l'œil perçant et toi-même passiez me voir pour un conseil de guerre. Si tu préfères une part de gâteau, tu y auras droit aussi.

— À quelle heure ?

— Je suis en ce moment en mon château d'If, me languissant seul en l'absence de ma famille qui s'est éparpillée aux quatre vents. Et comme ma famille ne compte que trois membres, j'ai foutu le quatrième vent dehors. Mais comme l'a si sagement dit Benjamin Franklin, mieux vaut foutre quelqu'un dehors que... faire autre chose que j'inventerai plus tard quand vous serez arrivés.

— Une heure à me proposer ?

— Je laisserai à un de mes serfs la consigne de laisser le pont-levis baissé. Je pourrais ajouter que le bon Lévy sera celui que je chargerai de cette tâche, mais j'ai compris récemment que mon humour te passait loin au-dessus de la tête. C'est d'ailleurs ennuyeux parce que je voulais...

— À plus tard, Groucho.

Je raccrochai.

CHAPITRE 29

LA pluie avait diminué jusqu'à n'être plus qu'un vague
crachin alors que nous arrivions devant la maison de
Groucho, sur Hillcrest Drive, à Beverly Hills.

La porte d'entrée s'ouvrit sèchement avant que nous puis-
sions sonner.

— J'ai peur que vous n'arriviez trop tard pour accorder le
clavecin, dit gravement Groucho. Il a rendu l'âme il y a
quelques minutes.

— Du moins pourrons-nous lui assurer un enterrement
décent, répondis-je alors que Jane et moi entrions.

Notre hôte portait un de ses vieux peignoirs de bain et une
paire de pantoufles délabrées à gros pompons, façon queues de
lapin.

— Bonsoir Milady, dit-il à Jane, vous êtes resplendissante. Je me
dois toutefois de vous mettre en garde : votre réputation souffrira
si vous continuez à apparaître en public en compagnie de
bouseux tels que celui que vous remorquez à votre coude ce soir.

— Je sais, oui, dit Jane. Juste avant de quitter la maison, j'ai
d'ailleurs reçu un appel du notaire des Rockfeller qui m'a
informée que j'étais déshéritée.

— C'est mieux ainsi. Songe qu'être liée à la famille Rockfeller
eût été une infamie bien pire.

Il nous fit signe de le suivre et se dirigea vers sa grande
cuisine jaune et blanche où nous attendaient une table et des
chaises. Il avait laissé un bloc-notes, deux crayons de bois
presque épuisés et un pot en étain.

— Il est plein de rhum au lait, dit-il en tapotant le récipient.
Dans mon Petrograd natal, nous avions coutume de croire que

n'importe quelle boisson mêlée à une lampée de spiritueux a la vertu de prévenir les refroidissements, la grippe et les fièvres quartes. C'était notre croyance, en dépit du fait que nous ignorions ce qu'était exactement une fièvre quarte, ni même comment ça se prononçait réellement.

— Frank m'a dit que tu as rampé sur le sol détrempé du cimetière pendant qu'on te tirait dessus.

— Jamais l'expression courir ventre à terre n'a été aussi juste, dit-il en sirotant un peu de sa mixture.

— Tu avais l'air de dire que Von Esh n'était pas le tireur ? demandai-je.

— Notre compagnon de beuverie était là pour faire office d'appât. Comme ces lapins factices qui sont tractés sur les cynodromes pour faire courir les lévriers. C'est quelqu'un d'autre qui appuyait sur la gâchette.

— Mais tu n'as pas vu qui ?

— À moins qu'un ange de marbre n'ait fait le coup, non.

Jane se leva.

— Pardonne-moi de me conduire comme ta maîtresse de maison, Groucho, mais me laisseras-tu préparer du café ?

— Ah, pardonne-moi mon enfant. J'aurais dû en préparer en votre attente, mais j'ai été tellement captivé par la réussite aux cartes que j'ai faite en m'obligeant à ne me servir que d'une main que j'ai oublié.

Jane se leva et se dirigea vers le garde-manger où elle préleva une boîte de café Orem Bros issue du stock que le sponsor de notre défunte émission de radio avait donné à Groucho l'année auparavant.

— Je n'ai pas réussi à joindre Mary Jane McLeod, dis-je. Mais je suis presque sûr qu'elle confirmera que la disparition de Rawenshaw est un coup monté.

— Tu as vu juste, Raoul. Ce pauvre cabotin n'a rien trouvé de mieux que de rester injoignable jusqu'à ce que des cerveaux plus malins résolvent l'enquête.

Il frappa, avec la gomme d'un de ses crayons, quelques mesures qui me rappelèrent la chanson *Jeepers Creepers* sur son pot d'étain. Puis il ajouta :

— J'espère obtenir, à ce sujet précis, une information importante avant que cette soirée gagne en longueur.

– Quel genre d'information?

– Si la carrière de moine trappiste t'intéresse toujours, il va falloir que tu apprennes la patience, Raoul. Il ne serait pas mauvais non plus que tu apprennes quelques jeux de cartes, parce que je ne sais pas encore combien de temps il va falloir attendre.

– Toi, tu as appris quelque chose, accusa Jane en dosant le café.

– Tout vient à point à qui sait attendre.

– Changeons de sujet. Les exemplaires de l'écriture d'Erika Klein sont ici?

Il tira deux petites feuilles de papier de sous la couverture de son bloc-notes.

– Les voilà.

Il en saisit une que Jane vint lire par-dessus son épaule.

– J'ai aussi trouvé une note que Denker avait écrite. Je ne sais pas bien à quoi elle peut nous être utile mais...

– À propos de l'écriture de Denker, dis-je, Clair Rickson nous a appris qu'il tenait un journal. Il avait songé pendant un temps à lui faire écrire un livre de mémoires sur son passé de réalisateur en Allemagne.

Les sourcils de Groucho s'élevèrent.

– Un vrai journal, rédigé quotidiennement?

– C'est ce qu'il avait dit à Clair, même si elle ne l'a jamais vu. Pour une raison ou une autre – peut-être a-t-il pensé qu'un récit de ces années-là pourrait ennuyer Erika et ses chefs nazis – il en a abandonné l'idée.

– Et où sont ces journaux maintenant, je te prie?

– Personne ne le sait. Ou du moins Clair l'ignore. Elle ne croit pas qu'Erika le sache non plus.

– Il est très possible que Denker ait noté dans ces pages tous les détails croustillants de l'arrangement qui a permis à Helga Krieger de devenir Erika Klein.

Je hochai la tête pour signifier mon accord:

– Si nous pouvons le trouver, nous aurons une preuve tangible de notre théorie.

La joue gauche de Groucho se déforma sous la poussée de sa langue, il se pencha en arrière pour étudier le plafond quelques instants, puis il se tourna vers Jane:

203

— Quel est le verdict, votre Honneur ?

— Je ne pense pas que tu puisses le prouver face à un jury, mais je suis pratiquement certaine que, si c'est bien Erika Klein qui a écrit la note que tu as chipé dans sa voiture, c'est aussi elle qui a rédigé toutes les lettres de menaces.

Groucho me tendit la feuille où Denker avait écrit.

— Passe ceci à ton épouse, Raoul.

Ce que je fis. Jane y posa les yeux brièvement.

— Que dois-je en faire ?

— Est-ce qu'il serait très difficile d'imiter l'écriture de Denker ? demanda Groucho.

— Non, pas vraiment.

— Tu saurais le faire ?

— Oui, ça ne serait pas un défi insurmontable, mais pour quoi faire ?

— Oh, j'ai simplement songé qu'au cas où nous ne trouverions pas le vrai journal, nous pourrions vouloir en produire quelques pages de notre cru.

Je souris :

— N'oublie pas qu'il doit être écrit en allemand.

— Une bonne contrefaçon doit pouvoir se faire dans toutes les langues.

— J'ai étudié l'allemand à l'université, dit Jane.

— Le problème est réglé. Pour une falsification de haute volée, rien de tel qu'un faussaire diplômé. Bien sûr, la possibilité existe que le diplôme lui-même soit...

On venait d'actionner le heurtoir de la porte d'entrée. Groucho se leva de sa chaise.

— Dieu du ciel, les pèlerins affluent en ce lieu saint, ce soir.

Il se dirigea vers le hall. Du bout du couloir, le son de la porte qu'on ouvrait nous parvint, puis la voix de Groucho.

— Ça alors, docteur Watson, sur ma vie, quelle saisissante surprise !

— Tout cela m'a l'air bigrement informel, dit Randell McGowan. Une rencontre autour d'une table de cuisine, voilà qui est désinvolte. Serait-ce une coutume américaine ?

— Il ne peut pas s'empêcher de causer comme ça, nous expliqua Groucho comme pour l'excuser.

L'acteur britannique rit et prit la tasse de café que Jane venait de lui verser.

— J'ai trouvé que vous aviez fait du très beau travail, Denby, en écrivant les textes des émissions de radio de Groucho. Sincèrement, c'était du premier choix.

— Merci. Nous avons aimé vous voir dans *L'Amour secret de la Reine Victoria*.

— Vous portiez de très impressionnants favoris, ajouta Jane en se rasseyant. Si on accordait des Academy Award pour la pilosité faciale, vous seriez nominé à tous les coups.

— Oh, par saint George, que cette jeune femme est drôle, dit McGowan en gloussant à nouveau.

— Avant que nous ne succombions tous à un accès d'anglophobie, intervint Groucho, vous devriez nous apprendre ce à quoi vous faisiez allusion au cours de notre récente conversation téléphonique, mon vieux Randell.

L'acteur reprit une gorgée de café.

— Comme Groucho vous l'a certainement appris, je ne compte pas Miles Ravenshaw parmi mes amis. J'ai senti depuis le départ que sa prétention déclarée à résoudre l'énigme du meurtre de Denker était un attrape-nigaud. Or, il se trouve que je suis un ami du majordome de Ravenshaw, un certain Denis Truett, à qui je rendais des services du temps où nous étions à Oxford. Denis a connu des revers de fortune, il y a quelques années, et il s'est trouvé dans l'obligation de prendre cet emploi. C'est triste, mais c'est ainsi.

— Ce Truett sait où se cache Ravenshaw ? demanda Groucho.

— Bien évidemment, puisque Denis est avec lui.

— Veuillez développer votre déposition.

L'acteur se pencha en arrière, accrochant ses pouces aux poches de son gilet, ce qui augmenta sa ressemblance avec le docteur Watson.

— Il y a à peine deux heures de cela, Denis m'a téléphoné – je m'empresse d'ajouter qu'il l'a fait sans en informer son maître – pour me prévenir qu'il ne serait pas en mesure d'honorer le rendez-vous que lui et moi avions pris pour déjeuner ensemble demain. Il devait conduire Ravenshaw jusqu'à une petite maison qu'il loue du côté de Santa Barbara, et y remplir son office de majordome le temps qu'il s'y cacherait.

— Donc Ravenshaw se cache bel et bien pour ne pas avoir à annoncer sa solution de l'énigme au cours de sa soirée ? dis-je.

— Ce type est dans le brouillard jusqu'au cou, dit l'acteur en riant. C'est un demeuré, vous ne le saviez pas ? Il n'a inventé cette farce fumeuse de kidnapping que pour se sortir de la mélasse où il s'était enfoncé. D'après ce que m'a dit Denis, Ravenshaw va réapparaître la semaine prochaine avec une histoire à dormir debout en espérant que la presse et la police y croient.

— Et sa femme, elle accepte de le voir gâcher leur soirée ? demanda Jane.

— Elle est catastrophée, ma chère. Cette dame raffole de ces soirées extravagantes qu'ils organisent, vous savez. Je vous laisse imaginer à quel point Ravenshaw est terrifié à l'idée qu'il va lui falloir revenir affronter son ire.

Groucho reprit la parole :

— Et où se trouve sa cachette ?

— Dans la campagne, au nord de Santa Barbara, répondit l'acteur en lissant sa moustache militaire. Si besoin est, je puis vous en procurer l'adresse.

— Procurez, mon bon, dit Groucho. Je pense que nous voudrons peut-être vérifier que Ravenshaw s'y trouve réellement. Et qu'il y restera jusqu'à ma conférence de presse de dimanche prochain.

— Une conférence de presse ? demanda McGowan avec intérêt. Devrais-je supposer que vous avez réussi là où Ravenshaw a échoué ?

— De fait. Nous avons la solution de toute l'affaire.

— Et vous avez des preuves ?

Groucho fit un geste en direction de Jane.

— D'ici à dimanche, nous en aurons à foison.

CHAPITRE 30

Tôt le samedi matin, Groucho et moi roulions dans ma Ford en direction de Coast Highway. La journée était claire et chaude; sur notre gauche, l'océan Pacifique semblait plus lumineux de minute en minute.

À notre droite, passa un kiosque en forme de citron géant, dans lequel on pouvait acheter des jus de fruits frais.

— Quand tu en repéreras un en forme de chou géant, Raoul, tu t'arrêteras. J'ai besoin de remplir mon thermos de bortsch, dit Groucho en coupant un cigare.

Au loin, un yacht blanc criard naviguait vers le sud. Une nuée de mouettes planait dans son sillage, plongeait et ressurgissait de l'eau. Mon passager me les désigna :

— C'est une leçon à retenir. Quand tu veux attirer la foule, déverse le contenu d'une poubelle derrière toi.

— Tu as toujours l'intention de tenir ta conférence de presse demain ?

— À midi pile, soit à l'heure où tous les braves citoyens d'Hollywood se lèvent pour prendre leur petit déjeuner.

— Où ?

— Le studio 221 B me semble être le lieu le plus approprié.

Il alluma son cigare, baissa sa fenêtre pour souffler un tourbillon de fumée dans la lumière du matin. Je grimaçai.

— Comment allons-nous réussir à entrer à la Mammouth ?

— C'est arrangé, répondit-il en tétant son cigare et en se réadossant confortablement contre le dossier.

— Soit. Mais dis-moi comment.

— Alors que la rosée du petit matin commençait à perler, j'ai pris le parti de téléphoner à mon frère Chico, dont la réputation de joueur et d'homme à femmes n'est plus à faire. Je me suis en effet souvenu qu'il avait l'habitude de se mesurer au bridge avec Lew Goldstein, et que ledit Lew Numéro Un semblait devoir quelques faveurs à mon parent le moins raisonnable. Chico s'arrangera pour faire lever l'embargo.

— Peut-être, mais...

— Pendant ce temps, Zeppo fera équipe avec Nan pour vérifier que tous les gens inscrits sur la liste que nous avons établie hier au soir à l'Hacienda des Marx acceptent l'invitation qui leur a été faite de se présenter aux studios. Oh, et j'ai également enjoint au sergent Norment de venir grossir l'audience avec quelques-uns de ses hommes.

— Et Norment va coopérer?

— Il n'a apparemment pas réussi à capturer le meurtrier de Felix Denker, et je lui ai donc fait comprendre que nous avions l'intention d'y pourvoir dimanche. Il m'a donné son accord. Toutefois, il m'a parlé rudement et a employé des mots que je n'avais plus entendus depuis que j'ai quitté le couvent.

— Pendant ce temps, Jane devrait pouvoir remplir l'office qui lui a été assigné.

— Je lui fais entièrement confiance.

Nous avions déposé Jane chez son amie Elena Sederholm une fois de plus, car je n'étais pas très rassuré à l'idée de la laisser seule chez nous. Elle avait rechigné mais Groucho et moi avions pu la convaincre qu'elle devait travailler à notre projet. En guise d'argument, j'avais aussi avancé que les gens jouent rarement aux cartes avant la tombée du soir et que nous repasserions la prendre bien avant.

— La dernière fois qu'il a fallu explorer la jungle d'une affaire à résoudre, Jane et moi, son Tarzan, l'avons fait ensemble, dis-je. C'est aussi pour cette raison que cette mise à l'écart l'ennuie.

— Toute femme qui t'épouse en connaissance de cause doit se préparer à passer au moins une partie de sa vie dans l'ennui, répondit Groucho en tirant sur son cigare.

— Et puis nous avons toujours emmené ton chien Dorgan pour nous aider. Jane adore ce chien. Je ne dis pas que je n'aime pas travailler avec toi Groucho, mais, avec Dorgan c'est un peu...

— Inutile de préciser. Je comprends tout à fait l'affection qui lie un homme à un chien. J'ai moi-même vu tous les films de Rintintin. J'ai vu tellement de films dont les héros étaient des chiens qu'il a fallu m'appliquer un traitement anti-puces.

La matinée se faisait de plus en plus chaude et, alors que nous atteignions les environs de Santa Barbara, nous profitions d'une de ces journées de décembre qui font venir les gens depuis l'Illinois ou de plus loin encore.

Groucho se tourna vers moi :

– L'autre nuit, au Siegfried's Rathskeller...

– Un mauvais souvenir.

Il approuva lentement de la tête.

– Tu sais... Il y a beaucoup de gens comme O'Banyon, à Hollywood, même s'ils ne portent pas tous un uniforme pour prévenir. C'est à cause de ces gens-là que seul le club de tennis de Hillcrest m'accepte.

– Ce n'est pas demain que ça changera. Il y a trop d'imbéciles sur terre.

– Jusqu'à présent, les Chemises d'Argent n'ont pas pris le pouvoir ici. Sans quoi je serais obligé de me promener avec une étoile épinglée à ma veste et de soulever mon chapeau en croisant des gens comme O'Banyon. Il se passe des choses terribles dans le monde, ces temps-ci et...

Il grimaça et sa voix faiblit.

– Tu sais Frank, je crois que rejoindre la Ligue contre le nazisme, soutenir des causes, aller à des réunions, faire un petit discours de temps à autre, tout ça, ça n'empêchera pas que beaucoup de Juifs seront tués.

Il écrasa son cigare dans le cendrier et le jeta par la fenêtre dans la lumière du soleil.

Un moment plus tard, il prenait dans sa poche de quoi se moucher.

– Merde, dit-il à voix basse.

CHAPITRE 31

Il fallut garer la voiture sur le bas-côté de la route, près d'un bosquet de poivriers, à trois cents mètres du chemin de terre menant à la maison de campagne où Ravenshaw avait fait retraite, puis couper à travers bois en restant à deux ou trois cents mètres du chemin qui descendait une colline.

À couvert sous les arbres, notre progression se fit aussi silencieuse que possible. Un braillement étrange se fit soudain entendre sur notre gauche.

– Il y a des pumas dans la région ? demanda Groucho.

– Ils ne sont pas plutôt censés se cantonner dans les zones montagneuses ?

– J'ai lu dans les journaux une histoire de puma qui serait venu se promener dans une garden party à Bel Air ou à Beverly Hills et qui aurait englouti une hôtesse ainsi que quelques extras.

– Je doute qu'un puma trouve l'un de nous appétissant.

– Je dois reconnaître que je ne suis pas très calé en ce qui concerne les habitudes culinaires des pumas. Je n'étais qu'un gamin au temps où j'ai lu les livres concernant les animaux sauvages. En revanche, il y a quelque temps, j'avais envisagé de publier mes souvenirs de vie conjugale.

Nous continuions à avancer en silence.

Au bout de quelques centaines de mètres, je levai la main en signe de halte.

– En bas, derrière les arbres, je vois la maison.

– La cheminée fume, remarqua Groucho. Plus une Duesenberg décapotable jaune dans le garage. Les probabilités qu'une famille de paysans ou de bûcherons s'offre une Duesenberg sont faibles.

— C'est sûr. À l'évidence, il s'agit de paysans fortunés.

Je lui indiquai la droite.

— Si nous coupons par là, en restant dans le bois, nous devrions pouvoir nous approcher très près de la maison sans être repérés.

— Après toi, Davy Crockett.

Le même braillement que tout à l'heure retentit, mais semblant venir de plus loin.

La maison était grande, construite avec des rondins de bois et coiffée d'un toit de plaques goudronnées. Le tout n'avait pas l'apparence d'une cabane rustique mais plutôt d'une habitation montée par une équipe de décorateurs de studio. Il y avait une véranda couverte le long de la façade, et une assez grande caisse en bois sur le côté, visiblement construite pour recevoir les poubelles. C'est de ce côté que nous approchions furtivement.

Alors que nous étions encore à cinq mètres de la maison, une voix forte tonna et nous poussa à nous tapir pour approcher.

— ... laissé une chose pareille arriver, bordel, Randy?

— Bingo. C'est la voix du cabotin, murmura Groucho.

— Oui. Et qui parle à Randy Grothkopf, le chef de la publicité de la Mammouth.

Comme toutes les cachettes des gens de Hollywood, celle-ci était apparemment équipée du téléphone.

— ... va me faire passer pour un parfait crétin. Comment Lew Numéro Un a-t-il pu autoriser Groucho à mettre les pieds dans les studios, nom de Dieu. Et en plus sur *mon* plateau pour mettre en scène une minable... Quoi? Eh bien je ne suis pas très flatté d'apprendre qu'il fait moins cas de moi que de ce Chico. Un type vulgaire, qui fait semblant d'avoir un nom rital. Merde, après tout *La Vallée de la peur* est une production à gros budget et... Oui, un budget moyen. Mais n'oublie pas, mon ami, que c'est *toi* qui as eu l'idée scabreuse de me faire déclarer que j'allais résoudre l'énigme de... Quoi? Non, je n'ai pas oublié le plan, Randy. Je reste hors de vue jusqu'à ce que la police trouve la solution. Et puis je ressurgis et je leur raconte que j'ai été kidnappé mais que je connaissais le meurtrier avant la police. Mais comment se fait-il que...

Groucho souffla à mon oreille :

— Eh bien, cher Raoul, voilà qui confirme nos pires soupçons.

— Effectivement, il n'y a plus qu'à faire demi-tour et...

— La Duesenberg qui est dans le garage.

— Oui, et alors ?

— Serais-tu capable de la rendre hors d'état de rouler d'une façon simple et rapide ?

— Ce n'est pas un problème, mais...

— Au cas où Ravenshaw, qui est maintenant au courant de ma conférence de presse de demain, déciderait de revenir à la civilisation et de nous mettre des bâtons dans les roues. Il serait plus rassurant de savoir qu'il est coincé ici avec une voiture qu'il faudra plusieurs jours pour réparer.

— D'accord, nous allons faire le tour de la maison jusqu'à l'arrière, nous glisser en silence dans le garage et, pendant que Ravenshaw se chamaille au téléphone, je retirerai la tête de Delco.

— En avant.

En moins de dix minutes, tout ce que j'avais annoncé fut accompli.

Cependant, alors que j'essuyais mes mains graisseuses sur mon mouchoir, un type maigre, entre deux âges, apparut dans l'encadrement de la porte du garage restée ouverte, armé d'un pistolet automatique.

— Soyez assez aimables pour lever les mains, messieurs.

Le grand échalas avec le revolver fit trois pas précautionneux dans l'ombre du garage.

— La première chose que vous allez faire pour moi, messieurs, sera de me dire ce que vous avez fait à la Duesenberg.

— Ah, vous vous méprenez, mon brave monsieur, l'informa Groucho. Nous ne sommes rien d'autre qu'une paire de promeneurs amoureux de la nature qui ont eu le malheur de se perdre en chemin.

Ce devait être Truett, le majordome de Ravenshaw. Il répondit à Groucho :

— Je ne sais pas qui est ce jeune voyou, mais vous, monsieur, vous êtes un des Marx Brothers. Je suis en mesure de vous identifier car j'ai eu l'extrême infortune d'assister de bout en bout à la projection d'une de vos répugnantes tentatives cinématographiques.

– Répugnante, dites-vous ? Voilà peut-être une des critiques les plus positives qu'il nous ait jamais été donné d'entendre concernant nos films, dit-il en offrant son sourire et sa main tendue. Permettez-moi de me présenter : je suis Hippo Marx, également connu sous le nom de Roi de la Jungle. Et ce jeune homme au visage si franc est mon cousin, Blotto Marx, qui, si l'on ne tient pas compte d'une regrettable tendance à s'abreuver sans modération d'alcools de contrebande, est un exemple de droiture.

Truett ne saisit pas la main offerte et se fit menaçant.

– Gardez vos distances, monsieur Marx. Je détesterais avoir à vous abattre, mais je serais dans mon droit puisque vous êtes, tous deux, coupables d'intrusion et de vandalisme.

– Allez Truett, dis-je. Vous ne tirerez sur personne Ravenshaw a assez d'ennuis comme ça.

– Que voulez-vous dire, monsieur ?

– Je veux dire par là que simuler un kidnapping est un délit, pour commencer.

– Personne ne sait qu'il s'agit d'une supercherie, monsieur.

– Les gens le sauront dès que nous...

– Oui, mais vous allez peut-être devoir rester dans ces bois quelque temps, ce qui vous empêchera... Qu'est-ce qu'il a ?

Groucho était devenu pâle et pressait sa main droite sur sa poitrine.

– Frank, je... Donne-moi mes pilules... Vite !

– Je n'ai pas tes médicaments, Groucho, dis-je en affectant l'inquiétude. C'est toi qui les as. Je t'ai donné le flacon pendant ton attaque hier soir, tu te souviens ?

– Non... Ce n'est pas possible, je...

Groucho se mit à trembler violemment, les yeux révulsés. Truett s'avança vers le malade, baissant insensiblement sa main armée.

– Qu'est-ce qu'il a ?

– C'est son cœur.

De la main droite, profitant de sa distraction, je saisis un

214

démonte-pneu qui se trouvait sur un petit banc de bois près de moi.

— Frank, je veux que ma montre en or aille à Éloïse, haleta Groucho dont les genoux semblaient fléchir. Je te laisse la chaîne de la montre... Et n'oublie pas...

Un spasme le fit soudain s'élever sur la pointe des pieds, puis il poussa un râle aigu et tomba en avant dans les bras de Truett.

C'est le moment que je choisis pour m'élancer, dans une position qui me permit de frapper la main armée de Truett avec le démonte-pneu. Il hurla de douleur, laissant tomber l'automatique sur le sol bétonné. Il criait toujours quand je le fis pivoter sur lui-même pour le frapper du poing plusieurs fois au menton.

Il tomba à genoux, inconscient, et s'affala le long de la Duesenberg.

— Une autre admirable démonstration pugilistique, dit Groucho qui se releva en époussetant le devant de sa veste.

Je me dirigeais déjà vers la porte du garage.

— Foutons le camp d'ici.

Quelques secondes suffirent pour faire le tour de la maison et nous enfoncer dans les bois. Nous remontions la colline, par le même chemin qui nous avait amenés de l'endroit où la voiture était garée.

— À propos, qui est Éloïse?

— Je n'en sais rien, répondit Groucho. Mais si j'avais une montre en or, je suis sûr que je souhaiterais qu'elle appartienne après ma disparition à quelqu'un portant ce prénom.

CHAPITRE 32

Ils avaient fini de déployer l'immense affiche de *La Vallée de la peur* sur le mur des studios Mammouth et, maintenant, on pouvait voir Miles Ravenshaw des pieds à la tête, costumé en Sherlock Holmes.

– Nous aurions dû apporter une affiche de Groucho pour la coller par-dessus, dit Jane.

J'arrêtai la voiture face aux barrières des studios.

– Bonjour, Oscar, dis-je au garde grassouillet qui venait de quitter sa guérite pour venir vers notre voiture.

Son regard se posa sur nous, puis sur son registre d'admission.

– Vous devez être l'ami de monsieur Marx, Frank Denby. Et cette belle dame est Jane Denby.

– Exactement, répondis-je.

– Votre épouse et vous pouvez garer votre véhicule sur le parking visiteur B, près du terrain de softball.

– Merci.

– Monsieur Marx ne devait-il pas venir aussi aujourd'hui ?

Il était midi moins le quart et la conférence était programmée pour midi précis.

– Il n'est pas encore arrivé ?

Oscar secoua la tête.

– Pas pour l'instant, non.

– Il y a peu de chances qu'il rate l'événement, répondis-je.

– On ne peut jamais savoir, avec Groucho Marx.

Avec un petit sourire, Oscar retourna à sa guérite.

Les barrières de fer dorées se relevèrent et nous pénétrâmes dans l'enceinte des studios Mammouth.

217

– Groucho est passé à la maison il y a plus d'une heure pour prendre mes créations artistiques, dit Jane d'une voix inquiète Où diable est-il allé ?

– Espérons qu'il fera son apparition dans les dix prochaines minutes.

– Nous aurions dû insister pour qu'il vienne avec nous. Quelqu'un l'aurait-il empêché de venir ?

– Je préfère ne pas y penser et croire qu'il avait ses raisons de venir avec sa voiture.

Je garai la mienne entre une Rolls-Royce et une Duesenberg grise.

– La Ford n'est décidément pas la voiture du scénariste qui a réussi, dis-je en sortant pour aller, en trottinant, ouvrir la portière de Jane. Ça ne m'étonne pas que Lew Marker et tous les grands manitous de Hollywood rient de mes scripts.

– Ils sont supposés rire, cornichon. Tu écris des comédies.

– C'est juste. Dans ce cas, nous garderons la voiture.

Alors que nous approchions du studio 2, un éléphant passa à pas lourds au milieu de la voie, conduit par un jeune homme en robe et turban.

– Je ne réussis jamais à me souvenir, dit Jane qui ralentissait pour voir passer la parade, si ce sont les éléphants d'Afrique ou ceux d'Asie qui ont de grandes oreilles flottantes comme celui-ci.

– Les éléphants qui portent Tarzan ou Jane sur leur dos sont les éléphants d'Afrique. En tout cas la règle s'applique à la MGM.

Un officier de police en uniforme se tenait devant la porte ouverte du studio B. Lui aussi tenait un registre d'admission.

– Vos noms ?

– Frank et Jane Denby.

Il fit courir son regard sur la liste.

– Ah, oui. Vous êtes là tous les deux. À part qu'il y a écrit « Jean ».

– C'est mon nom de jeune fille, dit Jane.

– Est-ce que Groucho Marx est arrivé ? demandai-je au flic.

– Il n'est pas passé par ici jusqu'à présent.

Je pris la main de Jane et elle me suivit dans l'obscurité caverneuse du studio. Sur le chemin du plateau 221 B, tous les endroits par où nous passions étaient chichement éclairés et remplis d'ombres. Le sergent Norment vint droit vers nous alors que nous approchions du plateau. Il consulta sa montre de poche et me la mit sous le nez.

— Ne me dites pas que Marx a disparu lui aussi, Denby.

— Nous l'avons vu ce matin, Jack. Il est en route.

— Il fait un détour par le Mexique ?

— Il va arriver. Groucho ne manque jamais de venir quand il y a quelque chose qui ressemble à un public.

— Ils sont déjà en train de trépigner d'impatience. Il a intérêt à se dépêcher de faire son entrée en scène.

Un certain nombre de chaises pliantes en métal avaient été ajoutées au mobilier du bureau de Sherlock Holmes. Les occupants en étaient Erika Klein, un homme au crâne rasé dont je supposai qu'il était Gunther, M.J. McLeod, Lew Marker, Guy Pope, Randell McGowan, un homme habillé avec soin que j'identifiai comme étant le professeur Hoffman, Victoria St. John, Nan Sommerville accompagnée du Stupéfiant Zanzibar, Isobel Glidden et Randy Grothkopf qui arborait une peau bronzée et une chevelure d'un roux assez improbable.

Gil Lumbard, du *Hollywood Citizen News*, et Dan Bockman, du *Los Angeles Times*, étaient assis au premier rang et regardaient autour d'eux en prenant des notes. Lumbard me fit un salut nonchalant en nous voyant, Jane et moi, prendre place dans les derniers rangs. Norm Lenzer, du *Herald Examiner*, était accroupi près du fauteuil où Felix Denker avait été assassiné. Il semblait fasciné par le coussin posé contre le dossier. Trois photographes se tenaient debout au bord du plateau, plus un quatrième dont j'étais à peu près sûr qu'il travaillait pour *Motion Picture*. Assis jambes croisées sur un chariot de travelling, je reconnus un homme de petite taille qui travaillait pour Johnny Whistler en qualité de colporteur de ragots.

Nos deux chaises étaient placées près de l'établi de chimiste d'Holmes. Je remarquai que quelqu'un avait abandonné un sac de chips vide à côté du bec Bunsen du détective.

— Je ne demande pas mieux, si j'en suis capable, que d'aider la police à mettre la main sur le meurtrier de mon ami, dit Guy Pope. Mais ma pauvre Alma s'inquiète beaucoup quand je m'absente trop longtemps de Merlinwood, sergent.

— Nous allons commencer dans une minute ou deux, dis-je d'une voix mal assurée.

Le vieux fier-à-bras du cinéma muet me regarda, les sourcils légèrement froncés sur son beau visage.

— Je vous connais, jeune homme ?

— Je suis Frank Denby, l'associé de Groucho.

— Et un enquiquineur plus lourd encore que Groucho lui-même, ajouta Grothkopf. Un guignol qui ne distingue pas sa droite de sa gauche.

— Frank n'est pas un guignol, intervint Victoria St. John. Si je devais parier mon dernier cent sur lui, bien que je n'aie jamais bien compris cette expression, en dépit du fait que j'ai reçu une très bonne et très complète éducation, et que je n'ai pas compris pourquoi cette expression fixe aussi bas l'évaluation de notre valeur, à moins qu'elle ne vienne d'Angleterre mais dans ce cas-là on dirait mon dernier penny, plutôt que mon dernier cent, enfin ce qui est sûr c'est que c'est une petite somme, sauf pour les gens qui ont été ruinés par...

— Abrégez, coupa Grothkopf.

— Je cherchais simplement à défendre Frank Denby, monsieur Grothkopf, et j'ajouterai que quelqu'un qui porte une chevelure d'une couleur aussi peu crédible ne devrait pas se permettre de s'en prendre à...

— Ah, l'alerte a été donnée, il est temps de démarrer notre petite confrontation, dit Groucho qui venait d'apparaître par la porte située près du bureau de Sherlock Holmes.

Il portait une pèlerine de chasse par-dessus sa veste en tweed et une casquette de chasse du plus pur style holmesien, mais coiffée de travers. Il avait aussi, coincé sous son bras, un attaché-case éraflé sur lequel on pouvait voir quelques auto-collants d'hôtels d'Amérique du Sud.

Les quatre photographes commencèrent à prendre des clichés, à grand renfort d'ampoules de flash.

— Tu n'es pas passé par l'entrée des studios ? demandai-je.

— Bien deviné, Raoul.

— Et comment as-tu réussi à entrer ?

Il fit claquer l'attaché-case en le déposant à plat sur le bureau de Holmes.

— De la même manière que le meurtrier l'autre nuit. Je voulais vérifier si je pouvais en faire autant. Et ça a marché.

CHAPITRE 33

G ROUCHO détacha sa pèlerine et l'accrocha avec soin au portemanteau de Sherlock Holmes. Il retira sa casquette de chasse et la jeta sur le bureau.

— Avant d'en venir au meurtre de Felix Denker, annonça-t-il, il y a quelques autres sujets que je voudrais aborder.

— Ne me dites pas que vous allez chanter, dit Grothkopf d'un air maussade.

— N'ayez crainte. Je n'ai pas apporté ma mandoline avec moi.

— Vous ne savez pas jouer de la mandoline.

— Raison de plus pour l'avoir laissée à la maison.

Groucho se hissa pour s'asseoir, jambes pendantes, au bord du bureau du détective. Ses chaussettes n'étaient pas assorties, l'une arborant des carreaux verts et blancs et l'autre des pois jaunes et rouges.

— Un grand tapage a été fait, remercions-en la machine publicitaire de la Mammouth, dans la presse autour d'un défi lancé à moi-même et à mon associé, Frank Denby, par Miles Ravenshaw, ci-devant désigné sous l'appellation « roi des cabotins ». Le fait que Ravenshaw incarnait à l'écran Sherlock Holmes lui a apparemment fait tourner la tête et l'a persuadé qu'il avait quelque talent dans la résolution d'enquête. Quoi qu'il en soit, il a été incapable de...

— Miles a été inspecteur à Scotland Yard, s'écria Grothkopf. Lui, contrairement à vous, a une expérience professionnelle de l'investigation criminelle...

— Le seul rapport que Ravenshaw ait jamais eu avec la police remonte à la contravention qu'il a reçue pour avoir garé sa

Duesenberg en double file l'année dernière sur Rodeo Drive, coupa Groucho en ouvrant son attaché-case pour y prendre un bloc-notes. Viré de son emploi de comptable dans une librairie de Londres pour avoir semble-t-il piqué dans la caisse, Miles Ravenshaw s'est fait acteur et a infligé ses talents aux publics des tournées de province avant de décrocher quelques petits rôles dans des théâtres de la banlieue de Londres. Après quoi, il a fait du cinéma et a atterri à Hollywood. À aucun moment, au cours de cette minable odyssée, Ravenshaw n'a eu la moindre connexion avec Scotland Yard. Toute sa carrière d'inspecteur de police n'est que sornettes forgées par Grothkopf et associés.

— C'est ridicule, c'est grotesque, protesta le chef de la publicité, les états de service de Miles Ravenshaw à Scotland Yard sont...

— Pouvez-vous nous produire ces documents ? demanda Bockman, en bon journaliste.

— Je ne détiens pas ces documents, non, mais l'honnêteté de Miles Ravenshaw est insoupçonnable et ne peut pas être...

— Du temps où j'étais artiste de music-hall, reprit Groucho, quand un spectateur interrompait le spectacle, la coutume était de le jeter à la rue. Si vous continuez à perturber mon discours, Grothkopf, je vais devoir demander aux pompiers de service de vous attraper par le fond du pantalon.

Lumbard s'adressa à Groucho :

— Vous pouvez prouver ce que vous dites à propos de Ravenshaw ?

— Je vous indiquerai mes sources à la conclusion de ma conférence, promit-il. Maintenant, pour en finir avec le sujet Ravenshaw, abordons *Le Mystère du Cabotin disparu*. Frank, as-tu sous la main l'adresse champêtre que nous connaissons ?

Je récitai de mémoire l'adresse de la maison de campagne où Ravenshaw, Truett et la Duesenberg en panne faisaient retraite. Groucho reprit :

— Quiconque ira se promener dans cette zone rustique trouvera Ravenshaw.

La voix de Lenzer surgit du brouhaha étonné :

— Vous voulez dire que c'est là que les kidnappeurs le retiennent ?

222

– Je veux simplement dire, Norman, que c'est là que Ravenshaw a décidé d'aller pour éviter d'avoir à déclarer qu'il n'avait pas avancé d'un pouce dans son enquête. Le kidnapping était un autre coup fourré publicitaire, destiné à conserver le nom de Ravenshaw en première page des journaux et, dans le même temps, à le tirer du mauvais pas où il s'était mis.

– J'ai assez entendu de stupidités comme ça, tempêta Grothkopf en se levant, poings serrés. Vous n'avez pas le droit de venir et d'affirmer qu'un honnête et respectable...

– Et pourtant je l'affirme : vous et Ravenshaw avez monté toute cette histoire. Et je dis cela en présence de témoins, Grothkopf. Si vous le voulez, vous pouvez me faire un procès pour diffamation. Sinon, asseyez-vous et cessez de jacasser.

Mary Jane McLeod se tourna vers son patron :

– Ils vous ont coincé, Randy, sur toute la longueur. N'aggravez pas votre cas.

Du bord du plateau, le sergent Norment prit calmement la parole :

– Simuler un kidnapping est une chose plus grave qu'une infraction à la circulation, Grothkopf.

– Je ne sais rien de toute cette histoire, répondit l'accusé. Si Miles a de lui-même monté une farce, je ne...

– Je peux avoir cette adresse à nouveau, Frank ? me demanda-t-il en se tournant vers moi.

Je la lui redonnai et il s'adressa à un de ses hommes :

– Siegel, appelle la police de Santa Barbara pour qu'ils aillent vérifier.

Grothkopf se rassit, un peu penaud. Le sergent Norment alluma une cigarette et plongea son regard dans celui de Groucho.

– Marx, avez-vous jamais entendu parler d'un truc appelé « dissimulation de preuves » ?

Groucho écarta largement les bras et prit une expression candide.

– Je n'ai rien à cacher, sergent. Le seul but de cette conférence de presse est de livrer tout ce que nous savons. Je suis même disposé à avouer la pointure de mes chaussures.

Le flic se contenta de souffler la fumée de sa cigarette sans rien ajouter, et regarda Groucho descendre du bureau pour se diriger vers un grand coffre de bateau posé sur une peau d'ours. Il s'assit sur le coffre délicatement et s'éclaircit bruyamment la gorge.

— Nous avons affaire non pas à un meurtre mais à deux, lança-t-il en levant le majeur puis l'index. Le premier avait jusqu'à présent été considéré comme un accident mais...

— Qui a été assassiné? demanda Bockman.

— Une jeune femme nommée Marsha Tederow. Elle travaillait ici à la Mammouth en tant qu'assistante artistique. Elle entretenait par ailleurs une liaison avec Felix Denker.

Erika Klein intervint d'une voix doucereuse :

— Je vous en prie, Groucho, il n'est pas indispensable de flétrir la mémoire de ce pauvre Felix en évoquant sa fâcheuse tendance à...

— C'est indispensable au contraire, coupa Groucho. Car si Marsha n'avait jamais eu cette liaison avec votre mari, elle n'aurait jamais rien su du docteur Helga Krieger.

— De qui? demanda Lumbard.

— Comment ça s'écrit? ajouta Lenzer.

Pendant que Groucho épelait le nom demandé, le sergent Norment fit quelques pas vers l'intérieur du plateau Deux cent vingt et un B et s'assit dans le fauteuil du docteur Watson.

— Poursuivez, Marx!

Groucho aborda le cas d'Helga Krieger, expliquant qu'elle était une nazie convaincue, dont la trace s'était perdue au début des années trente en Allemagne, et qui avait été recrutée par les services secrets de Hitler afin d'être infiltrée en Amérique, avec un nouveau visage et une nouvelle identité.

— Felix Denker était impliqué dans cette affaire, ajouta-t-il, et c'est pour cela qu'il a été tué.

— Tout ça est une histoire à dormir debout, dit Erika d'une voix colérique.

— Et quelle identité a pris cette nazie? demanda Bockman.

Groucho fit un signe au professeur Hoffman :

— Avez-vous apporté un exemplaire de *La Supériorité de la Race aryenne*, Ernie?

Le professeur répondit par l'affirmative et ouvrit un porte-documents, d'où il fit apparaître un livre que je reconnus comme un de ceux que j'avais brièvement vus dans la maison de San Amaro. Il le fit passer jusqu'à Groucho qui le montra à l'assistance.

— Ce livre était très populaire dans les bars à bière de Berlin.

Il l'ouvrit pour montrer la photo de l'auteur.

— C'est à cela que ressemblait notre bon docteur avant une lourde opération chirurgicale et un régime draconien.

Bockman se leva pour mieux voir.

— Ça ne ressemble à personne que je connais.

Groucho referma le livre et retourna au bureau. Il prit dans son attaché-case plusieurs pages de photoreprographies.

— Felix Denker a commencé à tenir un journal au début des années vingt, alors qu'il était en Allemagne. Il a apporté ses cahiers en Amérique, ainsi que quelques exemplaires des ouvrages antisémites du docteur Krieger.

— Je n'ai jamais entendu parler de ce journal, dit Erika.

— Bien sûr que si, répondit Groucho. Vous avez envoyé vos sbires le chercher dans la maison discrète que Denker partageait parfois avec Marsha Tederow, ainsi que dans celle où elle vivait avec Victoria St. John.

Lenzer fronça les sourcils :

— Qu'insinuez-vous à propos de la veuve, Groucho ?

— Je n'insinue rien, j'affirme qu'Erika Klein et Helga Krieger ne sont qu'une seule et même personne, et j'affirme également que Felix Denker a reçu une somme rondelette pour l'épouser et l'aider à entrer dans ce pays.

— Assez ! cria Erika en se levant. Je ne resterai pas une minute de plus à écouter ces mensonges outrageants et...

— Madame, coupa Norment, vous feriez mieux de rester à votre place.

Il fit signe à ses hommes.

— Les gars, assurez-vous que madame Denker ne nous quitte pas. Continuez, Marx.

Groucho montra les reprographies en les élevant au-dessus de sa tête. Jane me murmura à l'oreille :

— Ils ont l'air vrai, non ?

Je tapotai la paume de sa main.

— Tu as fait un excellent travail.

Groucho poursuivit son exposé.

— Pourtant, grâce à Victoria St. John, nous avons pu mettre

la main sur des reprographies que Marsha Tederow avait faites de quelques passages-clef.

Il feuilleta les pages, en préleva une et remis les autres dans l'attaché-case.

— Nous les avons fait expertiser par un graphologue et il s'avère qu'elles sont bien de la main de Felix Denker. Avec le concours du professeur Hoffman, j'ai pu en établir une traduction en anglais.

Il tira de l'attaché-case une feuille dactylographiée.

— Je vous prie de ne pas oublier qu'il s'agit d'une traduction brute et composée rapidement. Le passage que je vais vous lire n'était pas daté.

Il s'éclaircit à nouveau la voix.

— Voici ce que Denker a noté : « Je m'apprête à commettre une chose terrible, je vais violer mes principes et ce en quoi je croyais profondément. Pourtant, je crains de n'avoir pas d'autre choix. Ceux à qui je dois cet argent me tueront certainement si je ne trouve pas de quoi les payer au plus vite, et les nazis me proposent assez pour rembourser mes dettes et me débarrasser de cette épée de Damoclès. » Puis, à la fin de cette page, Denker écrit ceci : « Helga Krieger est quelqu'un que j'ai toujours méprisé et, maintenant qu'elle est devenue Erika Klein, il me sera très difficile de supporter...

— Ce sont des mensonges ! hurla Erika. Mon mari n'a jamais écrit quoi que ce soit sur...

— Marx, coupa Norment, pourquoi vous n'en venez pas à ce qui s'est passé ici lundi soir ? Après quoi vous nous expliquerez ce que tout cela a à voir avec cette affaire.

Groucho fit un signe de tête dans ma direction.

— Tu t'en charges, Frank ?

Il retourna s'asseoir sur le grand coffre.

Je me levai et allai devant le bureau.

— Bien. Denker avait confié à Marsha Tederow la vraie nature de son mariage et lui avait dit qui était réellement sa femme.

Je restituai, en la présentant comme une chose établie et prouvée, notre théorie selon laquelle Marsha avait décidé de faire chanter Erika.

— Elle n'a jamais fait une chose pareille, dit la veuve.

— Randell McGowan a surpris une conversation où elle vous posait ses conditions.

— Par saint Georges, je comprends tout maintenant, laissa échapper McGowan. C'est à cela que j'ai assisté, bien sûr.

— En fait, Erika n'a jamais eu l'intention de payer la maîtresse de son mari, poursuivis-je. Elle a donc attiré Marsha dans un bar appelé le Cutting Room, du côté de Sherman Oaks. C'est en rentrant de ce rendez-vous que Marsha est morte dans sa voiture.

— Marx et toi, vous dites que ce n'était pas un accident? demanda Norment.

Groucho se remit prestement sur pied.

— Nous l'affirmons. C'est ce premier meurtre, celui de Marsha Tederow, qui a conduit à la mort de Denker.

— Comment? demanda Lumbard.

Groucho sortit un cigare de sa poche.

— Denker a compris, dès qu'il a appris que Marsha avait eu un accident, que ce n'en était pas un et qui était derrière sa mort. Il a ruminé cela pendant quelques jours, a envisagé de se confier à son ami le professeur Hoffman, puis s'est ravisé. Il a finalement opté pour une confrontation avec Erika. Puisqu'ils ne vivaient plus tous les deux ensemble, il a organisé une rencontre ici, dans les studios, après les heures de travail.

Il ôta l'emballage de son cigare.

— Je n'en suis pas certain, mais je suppose que Denker a fixé à Erika une sorte d'ultimatum. Fous le camp sinon je raconte tout ce que je sais et tout ce que je soupçonne à la police et au FBI. Pour Erika, ça n'était pas le pied. Alors elle l'a descendu.

— Il a été abattu par quelqu'un qu'il connaissait, ajoutai-je. Et en qui il avait confiance.

Erika poussa un rire cassant.

— Une paire de scénaristes à la manque qui inventent un conte fumeux pour des enfants, dit-elle d'un ton de mépris. Une histoire pleine de mensonges et d'illogismes. Tout le monde sait — et le sergent Norment l'a confirmé — que j'ai quitté les studios plusieurs heures avant que mon pauvre Felix soit tué.

— Je vais vous expliquer comment vous avez réussi à revenir cette nuit-là, proposa Groucho. Franchement, ce n'était pas bien difficile, puisque moi-même j'ai pu le faire aujourd'hui. Il y a de grands chênes qui courent le long du mur d'enceinte à l'arrière de la Mammouth. La plupart montent plus haut que le mur et les branches passent au-dessus. Il suffit de grimper dans un chêne et de dérouler une échelle de corde pour descendre de l'autre côté. Avec l'aide d'un cascadeur de la Mammouth que m'a présenté mon dévoué frère Zeppo, j'ai réussi sans peine mon escalade. (Il fit une petite révérence modeste.) J'ai aussi découvert que, la nuit, un seul gardien patrouille dans la zone arrière des studios. Facile pour quelqu'un qui travaille ici de programmer le coup. C'est ainsi, Erika, que vous êtes revenue à la Mammouth lundi et que vous avez buté votre mari quand il vous a menacée.

— C'est grotesque, répondit la veuve. Je n'ai jamais escaladé un mur aussi haut, ni tué mon cher mari. Et j'ai encore moins mis les pieds dans un bar appelé le Cutting Room.

— Non, vous avez raison. C'est Gunther qui est allé dans ce bar.

L'homme au crâne rasé ricana.

— Vous délirez, je le crains, monsieur Marx.

Groucho s'écarta du coffre et annonça d'une voix de bateleur :

— Et maintenant, chers amis, le Stupéfiant Zanzibar, un des magiciens les plus talentueux de Californie du Sud, va m'assister pour la prochaine partie de ma démonstration. J'invite les photographes à se tenir prêts à remplir leur office.

Zanzibar donna une petite tape sur le genou de Nan, se leva et se dirigea vers le coffre.

— Mesdames, Mesdemoiselles, Messieurs, je vais vous présenter une petite expérience de téléportation qui...

— Tout cela est insultant, se plaignit Erika. D'abord être accusée du meurtre de son mari puis être forcée d'assister à un spectacle de fête foraine indigne.

— Indigne ? Zanzibar ? reprit Groucho. Cet artiste a eu le privilège de montrer ses numéros à toutes les têtes couronnées d'Europe. Enfin celles qui restent. Je vous en prie, Maestro, poursuivez.

Une baguette aux extrémités argentées apparut dans la main droite du magicien.

– Nous allons faire venir jusqu'ici quelques invités en provenance de Sherman Oaks, un petit tour qui ne présente pas de difficultés majeures pour quelqu'un qui, comme moi, a étudié dans les régions mythiques du lointain Tibet le phénomène de la projection astrale. Il frappa le coffre de sa baguette et s'écria : Lando Mistificarum Omnibus !

Une fumée verte tourbillonna autour de la malle. Le couvercle sauta brusquement dans un bruit de cymbales. Trois nains apparurent. C'étaient les Spiegelman Brothers.

Leroy, le plus petit, fut le premier à pointer du doigt Gunther.

– C'est lui. C'est le cow-boy qui avait rendez-vous avec Marsha Tederow ce soir-là.

– Ouais, sûr que c'est lui, ajouta Edwin. Avec la perruque et le déguisement en moins.

La main de Gunther plongea sous sa veste. Il était déjà debout lorsqu'il en ressortit un revolver de petit calibre.

– Ça suffit comme ça. Erika, nous partons.

– Imbécile, répondit-elle en restant assise. C'était du bluff. Ces crétins n'auraient jamais pu prouver...

– On y va.

De sa main libre, il attrapa le bras de la veuve et la força à se relever.

– C'est bon, les gars, dit Norment.

Une lumière crue tomba du plafond.

Depuis les entrecroisements de passerelles qui occupaient les hauteurs du plateau, deux policiers en uniforme, armés de carabines, nous surplombaient.

– Ils vous abattront avant que vous ne puissiez tirer, dit Norment à l'homme au crâne rasé. Mais si vraiment vous voulez essayer, ne vous gênez pas. Vous me feriez plaisir.

Gunther se pencha lentement et déposa son arme sur le sol avant de reculer.

– Non, merci.

Groucho eut juste le temps de me dire :

– Ça a plutôt bien marché, Raoul.

La seconde d'après, il était entouré par les journalistes. Les photographes alternaient les clichés de lui et de ceux de Gunther et d'Erika Klein qu'on menottait avant de les emmener.

229

Après plusieurs demandes pressantes, Groucho accepta de poser coiffé de la casquette de Sherlock Holmes.

Moi, je retournai vers Jane et passai mon bras autour de sa taille.

— Ta carrière de faussaire a pris un départ brillant, Jane.

— Les Spiegelman Brothers ont été beaucoup plus efficaces que moi dans cette...

— Salut Janette, coupa Leroy en enserrant ma femme à hauteur de genou. Tu ne trouves pas qu'on a fait une entrée superbe ? Figure-toi qu'on envisage de s'associer avec Zanzibar pour partir en tournée.

Je sentis une main sur mon épaule. C'était Lew Marker, le producteur.

— Écoutez, Frank, si vous et Groucho pouvez ajouter un meurtre à votre idée de ligne de bus, je crois qu'on va pouvoir s'entendre.

CHAPITRE 34

C'ÉTAIT une journée douce et ensoleillée de décembre, Jane et moi finissions de décorer notre arbre de Noël.

Elle était juchée sur un tabouret à trois pieds, habillée d'un pantalon blanc et d'un pull-over bleu foncé. Quand elle s'étira pour fixer l'étoile qu'elle avait confectionnée à la cime du sapin, son pull laissa apparaître dix centimètres de la peau douce de son dos.

– Tu ne crois pas que l'arbre est trop grand ? demanda-t-elle en abaissant son regard vers moi pendant que je posais des guirlandes argentées sur les branches basses.

– C'est notre premier arbre de Noël depuis que nous sommes mariés, lui dis-je, et, techniquement parlant, un arbre de deux mètres n'est pas un géant des forêts.

– J'ai pensé la même chose quand j'étais chez le vendeur. Je me suis dit : c'est une occasion spéciale, alors il faut qu'il soit grand.

– N'oublie pas non plus que, en sa qualité de tout premier arbre de Noël de notre vie conjugale, il devient automatiquement un membre à part entière de la famille. Nous collerons sa photo dans notre album de famille et nous la montrerons aux enfants que nous aurons en leur racontant des histoires sur cette date historique. Notre descendance transmettra ces clichés et ces contes à sa propre progéniture et, au bout de quelques générations, tous ceux qui auront un lien généalogique avec nous seront parfaitement écœurés et ne supporteront plus qu'on leur parle de ce foutu sapin.

– Arrête de manger le chocolat, lança Jane en descendant du tabouret. C'est pour demain matin.

Je retirai les doigts du paquet posé au pied de l'arbre.

— Si tu continues à traiter ton mari comme ça, le père Noël ne t'apportera rien.

Je reculai de quelques pas pour inspecter notre arbre.

— Tu as vraiment fait une belle étoile. Et les anges que tu as dessinés et découpés sont charmants.

— En revanche, tes guirlandes pendouillent un peu. Enfin, je suppose que ce n'est pas ta faute. Tout le monde ne peut pas...

— Et si on allait se promener sur la plage avant de déjeuner, un peu d'exercice pour se mettre en appétit ?

Jane se tenait debout, le menton posé sur une main tandis que l'autre main tenait son coude, la hanche gauche supportant le tout. Elle scrutait l'arbre.

— Rappelle-moi de te raconter la fois où mon père est tombé sur l'arbre de Noël. Mais je te préviens que ce n'est pas une histoire très drôle.

— Et la promenade ?

— Laisse-moi me rafraîchir d'abord, et changer de pull. Je te rejoins dans cinq minutes.

— Rendez-vous pris, madame.

Je pris un coupe-vent et descendis en trottant vers la plage.

Il y avait un autre château de sable abandonné, plus grand et plus complexe que celui de l'autre fois. Je ne savais toujours pas qui les construisait. Cette fois, dans la cour du château, il y avait deux soldats de plomb, vêtus de ce qui semblait être des uniformes de l'armée britannique. Les deux portaient des masques à gaz.

Je les laissai là et marchai un peu sur le sable humide.

Les goélands tournoyaient haut aujourd'hui, planant sans faire de bruit. Je m'assis sur un grand tronc de bois échoué. Je ramassai au sol une petite branche souple d'algue violette, l'en-roulai plusieurs fois à mon poignet puis la jetai sur les coquillages et les galets. Il y avait une forte odeur de sel et d'iode.

— En principe, une promenade, c'est fait pour marcher.

Jane se tenait à côté de moi, jambes écartées et mains sur les hanches.

— Dans le même esprit, faire de l'exercice signifie bouger et non pas rester sur son derrière.

Je me levai lentement.

– Je ne vais pas te décevoir pour notre premier Noël.

Nous marchions le long des vagues mourantes.

– Rends-moi un service, Frank.

– Tout ce que tu voudras, ma chérie, tant qu'il ne s'agit pas d'une grosse somme d'argent.

– Non, sérieusement, dit-elle en me prenant par la main.

– D'accord, je serai sérieux. Même si je ne sais pas combien de temps je vais pouvoir tenir.

– Je préfèrerais que tu ne dises pas trop souvent que nous sommes heureux et que notre vie est merveilleuse, d'accord ?

– D'accord, oui, mais...

– Ça me fait un peu peur, c'est tout. Je suis heureuse, vraiment, mais parfois... Je ne sais pas, il va y avoir une guerre et peut-être que tout ça va disparaître.

– Ça n'arrivera pas.

Elle s'arrêta, passa ses bras autour de moi et m'embrassa.

– Assez de sérieux pour aujourd'hui, dit-elle en souriant.

– Je sais ce que tu veux dire, Jane, et...

Derrière nous, une étrange combinaison de glapissements, d'aboiements et de halètements venait de surgir. Je me retournai. Arrivant droit sur nous, langue pendante, un chien de meute remuait la queue.

– C'est Dorgan, non ? dit Jane en riant et en s'agenouillant sur le sable.

Le chien vint à elle, posa ses pattes avant sur ses cuisses et commença à lui lécher le visage.

– Oui, c'est bien Dorgan, dis-je.

Le chien quitta Jane, se tourna vers moi, se haussa pour poser ses pattes sur mon ventre et aboya avec enthousiasme.

– Dorgan, qu'est-ce qui t'amènes à Bayside ? dis-je en caressant sa tête ronde.

Jane se releva.

– Si Dorgan est là, Groucho n'est pas loin. J'espère que ça ne signifie pas une autre enquête, pas déjà.

– À chien donné, on ne regarde pas la denture, lança Groucho qui marchait vers nous, les genoux exagérément ployés.

Il portait un pantalon vert, une veste en tweed et un polo du plus beau rouge père Noël.

– Comment ça, « chien donné » ? demanda Jane.

Groucho soupira.

– Je sais bien que j'aurais dû l'emballer dans du papier-cadeau mais il y avait une telle queue au magasin que...

– Tu nous donnes Dorgan ? demandai-je.

Le chien était revenu vers Jane, se roulait sur le dos à ses pieds. Elle s'accroupit pour gratter son ventre gris.

– Quand Raoul a mentionné, au cours de notre récent safari dans les contrées ingrates et inexplorées de Santa Barbara, que vous étiez gaga de cette créature et, pour tout dire, que vous lui trouviez plus de prestance et une meilleure odeur qu'à moi, je me suis dit qu'il constituerait un cadeau de Noël idéal. Mais attention, j'avais pris ma décision avant de recevoir votre cadeau dérisoire, sinon je ne vous aurais rien donné. Un bon pour un passage gratuit au rayon X et pour une estimation demi-tarif chez un prêteur sur gages spécialisé dans les anti-quités, j'ai trouvé ça un peu insultant et même...

– Dorgan est un très beau cadeau, Groucho, dit Jane.

– Pour être tout à fait franc – et cela arrive hélas à beaucoup de gens, dont moi-même, que je connais dans le milieu du cinéma – Dorgan se fait un peu vieux. Ce qui a grandement fait baisser son prix de revente. J'ai donc décidé de vous le donner pour économiser un de ces habituels pots d'oignons au vinaigre qui constituent l'essentiel des cadeaux que je fais à mon entourage à l'occasion des fêtes.

Jane se baissa une fois encore pour gratter le ventre du chien puis se releva pour embrasser Groucho sur la joue.

– Je sais bien que tu détestes entendre ça, mais tu peux parfois être un homme très gentil.

– Fais bien attention à ne jamais répéter ce que tu viens de dire devant témoin. Oh, autre chose, Dorgan a tous les vaccins, tatouages et déclarations nécessaires. En plus, il sait faire ses besoins en dehors de la maison. Je ne peux pas en dire autant de moi.

– Viens chez nous, Groucho, tu dois voir notre arbre de Noël.

– Avec plaisir. Il y aura des chocolats ?

DANS LA COLLECTION
« ROMANS » ET « RÉCITS »
AU CHERCHE MIDI ÉDITEUR

NICOLAS CHARBONNEAU
Deux ou trois fois rien

PIERRE DRACHLINE
Une enfance à perpétuité

CHRISTIANE DUPUY
Le Petit-fils de Lafcadio

JEAN GRANGEOT
La Perle rouge

CLAIRE HUYNEN
Marie et le vin
Prix de la Première Œuvre, 1999

Une rencontre

THIERRY MARICOURT
Ne me tuez pas

YVES MARTIN
Il faut savoir me remettre à ma place

WALLY MONTAY
Cinabre

GÉRARD OBERLÉ
Nil rouge
Prix René-Fallet, 2000

Pera Palas

JEAN ORIZET
*La Vie autrement
à l'ombre douce du temps*

AGNÈS PAVY
Fétiches

JEAN-CLAUDE PIROTTE
Mont Afrique

CLAUDE PUJADE-RENAUD
DANIEL ZIMMERMANN
Septuor

GHISLAIN RIPAULT
Exécutions intimes

FRÉDÉRIC ROUX
Le Désir de guerre

BORIS SCHREIBER
Un silence d'environ une demi-heure
Prix Renaudot, 1996

Hors les murs

L'Excavatrice

JOËL SÉRIA
Sombres fantômes

FRANÇOIS THIBAUX
Notre Dame des Ombres
Prix Paul-Léautaud, 1997

JEAN-MAX TIXIER
Le Jardin d'argile
Prix Antigone, 1998

VIVIANE VILLAMONT
Une femme irréprochable

DANIEL ZIMMERMANN
L'Anus du monde

Le Gogol

Les Morts du lundi
suivi de
Federspiel, le joueur de plume

Les Chats parallèles
suivi de
La Légende de Marc et Jeanne

AHMED ZITOUNI
Une difficile fin de moi

DANS LA COLLECTION
« AILLEURS »
AU CHERCHE MIDI ÉDITEUR

JIM FERGUS
Mille femmes blanches

Imprimé en France par la Société Nouvelle Firmin-Didot
Dépôt légal : septembre 2000
N° d'édition : 776 - N° d'impression : 52407
ISBN : 2-86274-776-9